달마와 혜능

지묵스님의 중국선종 답사기

우리출판사

◐ 중국 최초 불법 전래 모습인 영평구법도(永平求法圖). 가운데가 섭마등 스님이고 다음이 축법란 스님이다.

◐ 중국 제일 고탑(古塔) 제운탑원(齋雲塔院) 전경.

◐ 석각 벽에 있는 육조단경, 육조혜능 스님 상이 눈길을 끈다. 남화선사에서.

◐ 전화카드 같이 만든 육조 스님의 호신카드.
지금도 이 모습으로 육신이 남아 있다.

◐ 현재 가장 법력이 높은 스님 중의 한 분으로, 허운 스님의 제자인 정혜(定慧) 방장 스님. 조주 관음원에서.

◐ 천여 년 전 구법승 현장 법사가 넘어갔을 법한 실크로드를 따라서. 돈황 사막에서.

◐ 중국 절에서 중국 승복을 입은 모습.

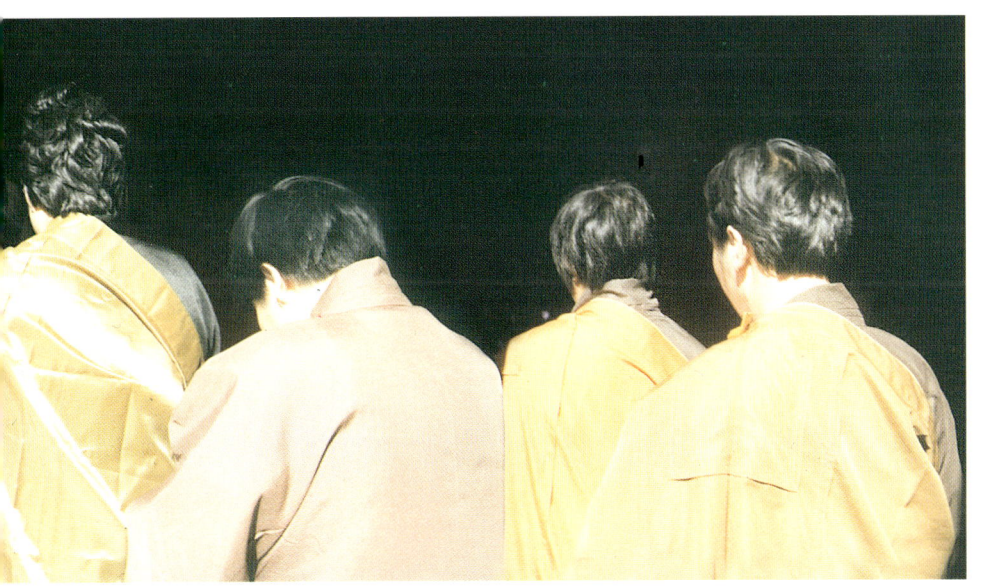

◐ 대승은 곧 재가 불교운동이다.
거사와 보살이 마니가사를 입고 법당에 들어선 위풍당당한 모습. 마지 등 예불의식도 스님과 다름없이 잘한다.

◐ 끈기있게 몇 날 며칠을 쭈그리고 앉아서 고객을 기다리고 있는 할아버지. 꼴망태는 할아버지가 직접 만든 것이다.

◐ 전형적인 농부 할아버지의 밭가는 모습. 하염없이 길고 긴 밭고랑을 맨다.

◐ 여행 전에 반 년 간 어학 과정을 거친 연대대학.

◐ 연대대학의 여름 풍경.

◐ 사회주의 국가에서는 스님의 신분을 인정치 않아 사복차림의 학생이 되었다.

◐ 학교에 들어가기 전, 한 조선족 가정에서 민박하며 지낼 때의 모습.

달마와 혜능

지묵스님의 중국선종 답사기

■ 머리말

아무 것도 아닌 선(禪)을 위하여

  이야기 하나를 하려고 한다.
  지난해 바로 이 무렵이었던가. 여의도 어느 방송사 부근에서였다. 글쓴이는 코디네이터 자격으로 있었다. 그때 이야기가 의도하지 아니한 방향으로 흘러갔다. 선(禪)이 현대인에게 꼭 필요한 연유며, 근대 석학들의 선(禪)에 관한 관심사 등을 꺼내다가 촬영팀이 《달마(達磨)》현지 촬영 이야기를 하려는데 '아무것도 아닌 선(禪)'이란 말로 의외의 일이 벌어졌다.
  "선은 부처의 반역(反逆)입니다."
  "그래요. 선은 불·교(佛·敎)를 조사·도(祖師·道)로 탈바꿈시켰지요."
  "선은 문자 언어를 초월하지만 아이러니컬하게도 선사의 문자 언어 전적(典籍)이 압도적으로 교종 강사보다 많습니다. 하하하."
  "선(禪)이요? 밥 먹는 이것이 선 아닙니까? 차 마시는 이것도 선 아닙니까? 하하."
  "맞아요. 선서를 읽다보면 깨달음에 든 기분이 들더라고요."
  "허허, 뭐 선 문답이 어렵다고 하지만 별것 아니더군요."

"정말, 선이 아무 것도 아니라는 생각이 들 때도 있어요. 하하."

여기까지 이야기가 나눠지는데 글쓴이가 곁에 앉아 가만히 듣고 있자니 민망스럽다.

이 때였다. 글쓴이가 앞에 놓인 투명한 물 컵을 한 손으로 들어 턱하니 탁자 가운데에 놓고는 좌중 대여섯 분을 한번 둘러보면서 입을 열었다.

"저두 한 마디 해 보겠습니다."

이렇게 말하며 이야기에 끼어 들었다.

"이건, 물 컵이라는 것이지요?"

좌중을 돌아보고 천천히 화두를 꺼냈다.

"제가 선문답을 하나 내겠습니다. 후한 상이 있으니 한 마디씩 해 주십시오. 말씀하신 것처럼 아무 것도 아닌 선이니까, 그렇게 어렵지 않습니다."

모두가 약간 긴장을 한다. 글쓴이의 왼편에 앉은 이는 아무개 스님이 당신의 제자라고 귀띔한 K씨. 그 역시 달변을 끊고 잠잠히 앉아 있다. K씨는 당시 매스컴에서 유명세를 타고 있는 명사였다.

이 때였다. 말에 힘을 주어 무겁게 입을 열었다.

"이걸, 물 컵이라고 하지말고 물 컵이 아니라고도 하지 마십시오. 자, 그럼 한 마디 하십시오."

순간, K씨가 벌떡 자리에서 일어난다. 그리고는 곧장 밖으로 향해 휙 나가버렸다. 그 다음 옆자리 좌우에서도 K씨를 뒤를 따라 나가버린다. 아, 그 때의 통쾌함이며 그들의 도망치는 뒷모습을 보는 즐거움이란!

그러나 이것 역시 허물이 커서 덕산(德山) 스님의 무서운 방망이 30방을 피하기 어렵다.

나그네는 조금 공부를 했다는 이들이 흔히 말하는 '아무 것도 아닌 선(禪)', 그걸 위하여 길을 떠났다.

순례 기간은 1997년 가을부터 이듬해 가을까지였는데, 그동안 불일회보에 《조계에서 조계까지》란 제목으로 연재하면서 현장(玄奘) 법형의 조언을 참고 삼아 제목부터 《달마와 혜능》으로 고치는 등 편집 방향을 다시 잡기에 이르렀다. 이 원고 내용은 물론 선종 사찰만의 이야기가 아니다. 선종 답사차 참배한 산중 암자와 인연 있는 고찰이며 현지 학교에 등록하여 중국말을 익히면서 보고 들은 이야기도 적잖이 들어 있다.

조계산에서 조계산까지 였다. 송광사에서 남화사까지라고 해도 좋다. 무엇인가 하나의 맥락을 가지고 길을 그려서 그 길을 따라 순례의 길을 나섰는데 결과에 와서 보니 역시 부족하다.

자료로 챙긴 책 등이 라면 상자로 열 두어 상자. 이건 평생 보아도 다 보기 어려울 만큼 많은 분량이다. 우선 대충 정리해서 중국 선종 답사란 이름으로 연재를 시작하여 세 해만에 마무리하기에 이르렀다. 정말 무지하게 거짓말이 많아, 눈 밝은 이의 따끔한 꾸지람을 기다린다.

그동안 감사를 드려야 할 분들이 적지 않다.

애독해주신 독자들, 격려의 전화와 편지를 보내주신 불자들, 다달이 스크랩을 꼼꼼히 챙기면서 살펴주신 《불일회보》 편집실 식구들, 교정을 보며 조언을 아끼지 않은 춘림(春林) 노희순 보살님, 그리고 보이지 않는 곳에서 정성 하나로 늘 뜨겁게 기원(祈願)하신 보살님과 거사님들께 우선 지면을 통하여 감사의 뜻을 전한다.

            경신년 겨울 안거일에
            내설악 백담사 만해(卍海)교육관에서

■ 차례

14	머리말 - 아무 것도 아닌 선(禪)을 위하여
21	장보고 거사가 창건한 법화원(上)
28	장보고 거사가 창건한 법화원(中)
33	장보고 거사가 창건한 법화원(下)
38	중국 사람의 건강 관리
44	죽림사(竹林寺)
51	조주 관음원(趙州 觀音院)
59	금강경 다라니 탑과 조주교
65	임제 조정(臨濟祖庭)
72	요즘 우리 곁에 나타나시는 임제 스님
78	오대산 문수성지(文殊聖地)
84	대혜 종고 스님의 도량, 경산 만수선사
92	유배지에서 백의(白衣)로 정진한 종고(宗杲) 스님
100	허운(虛雲) 스님의 도량, 천하 운거(雲居)

106	구름이 머물다 떠난 자리, 허운 스님의 발심 수행
111	구름이 머물다 떠난 자리, 허운 스님의 새출발
117	구름이 머물다 떠난 자리, 허운 스님의 고행정진
123	구름이 머물다 떠난 자리, 허운 스님의 업장소멸
129	구름이 머물다 떠난 자리, 허운 스님의 천안통
135	구름이 머물다 떠난 자리, 허운 스님의 깨달음과 열반
141	새 시대의 불교를 열다, 혜원 법사의 백련결사 도량
147	새 시대의 불교를 열다, 혜원 법사의 위업
153	구화산 지장성지(上)
158	구화산 지장성지(下)
163	낙양 백마사
170	보타산 관음도량
176	아미산 보현도량
181	초조 달마 대사의 조정, 소림사
189	이조(二祖) 혜가 스님의 사찰

195 삼조(三祖) 승찬 스님의 도량, 삼조사

200 사조(三祖) 도신 스님의 도량

206 오조 홍인 스님의 도량, 오조사(五祖寺)

211 육조 혜능 스님의 도량, 남화사(南華寺)

217 불사리로 유명한 아육왕사

223 사막의 오아시스, 돈황(上)

229 사막의 오아시스, 돈황(下)

235 영은사의 도인들

240 묵조선 도량 천동사

247 젊은 스님들이 친절한 운문사(上)

253 운문사와 허운 노사(下)

258 피신처 대유령

263 남화사 육조진신

269 中國 禪宗 踏査 地圖

장보고 거사가 창건한 법화원(上)

 노란 꽃 흰 꽃 국화가 활짝 핀 가을날 아침이다. 길가에 서서 순두부 한 대접(1元, 약 110원)으로 끼니를 때우고 산동반도 동쪽 끄트머리에 자리한 법화원(法華院)으로 첫 참배길을 나섰다.
 중국에 와서 제일 먼저 법화원을 참배한 데에는 까닭이 있다. 이번 중국 불교 순례길은 송광사의 조계산 산 이름과 똑같은 중국의 조계산까지 목적지를 정하고, 선(禪)의 원류랄까 선사들이 주석(住錫)하였던 무대 현장 일부를 찾아 나선 것인데 교통편은 옛 입당구법승(入唐求法僧)이 자주 오고 간 산동반도 뱃길로 택하였기 때문이다.
 법화원은 의외로 참배의 의의가 큰 절이다. 중국 불교 순례에서 한국 사람에게는 빠뜨릴 수가 없는 성지가 두 군데 있다. 신라 왕자 김지장 보살이 이룩한 구화산 성지와 당시 해상권을 장악한 장보고 거사(張保皐: 790?~846)가 창건한 적산(赤山) 법화원이 그것이다. 지금까지 한국 사람으로서 중국 절에 개산조로 모셔져 있는 곳은 이 두 군데뿐이다.

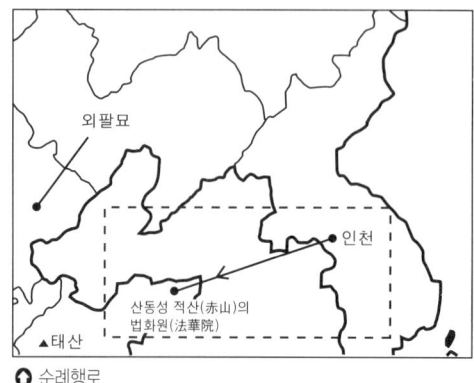
○ 순례행로.

위해(威海) - 영성(榮成)에서 척산(斥山)까지는 노선 미니버스로 두 시간 거리. 닷새 전에 인천에서 뱃길로 처음 닿은 항구 위해의 숙소에 20kg이 넘는 큰 짐을 부려놓아서 홀가분하게 사진기 하나만을 챙긴 게 소지품의 전부였다. 중국말을 못하고 단지 필담(筆談)으로 대화가 가능한 나그네는 아주 친절한 운전기사를 만났다. 시외 노선 미니버스는 바로 법화원 진입로 '법화로(法華路)'에서 세워주었다.

佛敎無虛
空門有實
불교는 허무하지 않고
반야의 문에는 실다움이 있다.

법화로 입구 큰 문 두 기둥의 주련이다. 개혁 개방 22주년을 맞아서 절과 성당과 교회를 짓기 위해 한국의 스님과 목사 등이 산동반도를 오가는 모습을 내 눈으로도 직접 목격하였는데 아마 이런 분위기 탓인지도 모른다. 그러다가 지나쳐서 몇몇 전도사와 목사가 중국에서 쫓겨난 사례가 신문에 보도되었다. 유치원에서

◐ 돌산에 앉아 한반도 쪽 바다를 바라보고 있는 법화원 대웅전.
◐ 법화원 주불. 인도불상 쪽에 가깝다.

는 '일체 어린이를 위해 서비스 한다' 하고 있고 관공소에서는 '인민을 위해 서비스 한다' 하고 있듯이, 절에서도 '인민을 위해 서비스 한다' 고 주련 위에 붙여 놓고 있는데 무슨 뜻일까. 여기에는 두 가지 해석이 있다.

하나는 보도중생(普度衆生)으로 일체 중생을 위해 서비스를 한다고 하니 옳은 말이다.

또 다른 하나는 사회주의 체제 안에서 다른 기본권과 함께 신앙의 자유 역시 제한을 받는다는 뜻이다. 잘못 쓰여지는 호국불교(護國佛敎)의 한 본보기이다.

법화로 입구에서 법화원까지는 깨끗하게 포장이 된 오르막길로 도보로 20분 거리. 안내 책자에는 40분 거리로 나와 있다. 아마 지동차로 지나갔다가 짐작 잡아, 걸어서 얼마나 걸리겠지 하고 대충 적었는가 보다. 이 외에도 법화원 밖에 세워진 '장보고

23

기념탑'의 사진은 어디로 가고 엉뚱한 게 '장보고 기념탑'으로 잘못 실린 것을 알았다. 사과밭 배밭 과수원 사잇길인 이 법화로는 그 뒤에도 여러 차례 오르내려본 경험이 있다.

전경에는 황해가 코 앞에 납작 엎드리고 있다. 맑게 개인 날에는 황해 수평선 너머로 한반도며 장거사의 고향땅 완도가 보일 것만 같은 착각을 일으킨다.

법화원은 산문(山門) 앞 돌다리를 건너면 바로 대웅보전에 참배할 수 있는 조그마한 도량이다. 주불은 석가모니 금동불 좌상. 한국 절과는 별로 다르게 느껴지는 점은 없는데 부처님 앞 탁자에 놓인 불전함이 투명하다는 점이 우선 재미있게 느껴졌다. 불전함 앞면이 투명한 유리나 플라스틱 제품으로 가려져 있어 불전함 내부가 훤히 들여다 보인다. 금방 누가 얼마를 보시하였는지 확실히 알 수 있다. 다른 데서도 이런 투명한 불전함을 더러 본 적이 있다.

아마 어둡게 감추어지기만 했던 마음이 부처님 앞에서만은 훤히 툭 트인 대명천지에 드러나 있다는 뜻인가. 세속적인 해석으로는 보

◐ 뜻밖에 법화원 비구니 주지 스님(글쓴이의 오른쪽)을 죽림사 중창불사 회향식장에서 만났다.

시할 마음을 더 많이 일으키도록 하기 위함인가. 실제로 내가 목격한 바로는 투명한 불전함의 효과는 대단했다. 이들의 작은 월급봉투에 해당하는 큰 돈(400元, 약 4만 4천 원)을 불전함 안에 넣는 이를 보았다. 하여간 현실적인 중국 사람다운 착상인 것만은 확실하였다.

 법화원 가람 배치는 한국 사람을 좌우 지장전과 관음전 법당에 모신 점이 특이하다. 대웅보전 왼편 지장전의 주불은 구화산의 김지장 보살의 좌상이 모셔져 있다. 김지장 보살을 아예 '지장보살(地藏菩薩)'과 동일하게 보고 있는 것이다. 한국에서는 보기 힘든 모습이다.

 대웅보전 오른편 관음전 내부 역시 한쪽 벽에는 창건주 장보고 거사의 진영이 모셔져 있다. 여기 탁자 위에는 장보고 거사의 생애와 업적을 기록한 책 한 권이 놓여 있다. 손 때가 묻고 헐었으

● 일본인 불자들이 대시주가 되어 중창 불사를 마친 법화원 전경.

나 한글 책이라는 데에 눈길이 간다.

 遠上寒山 石徑斜
 白雲生處 有人家
 停車坐愛 楓林晚
 霜葉紅于 二月花
 멀리 오르는 한산 돌밭 지름길 깎아 지른 듯
 흰구름 피어오르는 곳에 인가가 있네
 수레를 세우고 앉아 늦은 단풍 즐기는데
 서리 맞은 단풍은 이월의 꽃보다 붉어라.

 이 시는 당나라 시인 두목(杜牧: 803~852)이 지은 것이다. 그는 장거사를 평하되, '무예가 출중하고 도량이 넓은 대인'이라고 《장보고 정년전(張保皐 鄭年傳)》에서 말한다. 장거사는 입당(入堂) 이후 10년이 지나 서른 살 되던 해에 당군(唐軍) 무녕군 소장(武寧軍小將) 지위에 오르게 된다.
 다른 한편으로는 재당(在唐) 신라인 자치구 거류민 단장겸 대사(大使)격으로 명실공히 신라 사람의 정신적 지도자 역할을 하였다. 이 무렵부터 적산 법화원, 완도 상황봉 법화원, 제주도 법화원 등 명산길지(名山吉地)에 삼보도량을 세워 향연(香烟)이 피어 오르게 하는 신심이 있었다.
 그런데 어찌하랴. 삼보 도량을 여러 군데 개산한 장거사였으나 형상을 쫓는 데에 그친 탓이었을까. 비참한 장거사의 최후 모습은 과거 지은 전생의 무거운 업보로밖에 볼 수가 없다.

　장거사가 귀국하였을 때의 나이는 서른 여덟이고 왕실 자객에게 죽었을 때의 나이는 쉰 여섯. 장거사의 암울한 전말은 그대로가 형상을 쫓아 삼보 도량을 세우고 보시하는 이에게 큰 교훈이다. 법화원 역시 창건 스물 다섯 해만에 당 무종(武宗) 연간의 폐불(845년)로 폐사되는 종말을 맞이하였다.

장보고 거사가 창건한 법화원(中)

　적산(赤山) 법화원(法華院) 산문(山門) 밖에 있는 초가 지붕을 입힌 삼칸 돌집 노스님 토굴에서 하룻밤을 머문 때는 납월(臘月) 초순, 눈이 발목까지 빠지게 쌓인 날이었다. 산문 안의 법화원은 중창불사가 8년 전에 이뤄져서 말끔하기 이를 데가 없다.
　오가면서 차창 밖으로 내다본 설경(雪景)은 한 폭의 산수화이다. 산동반도 북쪽에서 남쪽 법화원 쪽으로 가려면 산등을 타고 오르막길로 올라갔다가 내리막길로 내려가야 하는 산길이 있다. 여기에 눈길 차 사고가 있어 그야말로 차 안에 갇힌 신세가 되고 말았다. 하루 해를 길바닥에서 보낸 셈이다.
　차창 밖으로 매 사냥을 다니는 이들을 보고 옛 기록과 다르지 않음을 알았다.
　'이 지방은 새나 짐승 모두가 많아서 흔히 볼 수 없을 만큼 좋은 수렵지를 이루고 있으며, 게다가 생활 필수 물자가 무엇이든지 풍부하다.'
　'주민은 불교도(원문은 우상교도로 되어 있음)로 시체를 화장

하는 풍습이 있다. 그들은 상업과 수공업을 생업으로 하며 생활 필수 물자는 무엇이나 풍부하다.'

'그들은 또한 온갖 맛있는 과실이 잔뜩 열려 있는 훌륭한 과수원을 많이 소유하고 있다.'

이 기록은 13세기 무렵 이탈리아 사람 마르코폴로의《동방견문록》가운데서 산동반도 이야기이다. 마르코폴로는 한국을 서양에 '코리아'로 소개한 사람. 이 곳 과일, 특히 대추는 지금도 유명하다. 대추의 살이 실하고 크며 씨가 작고 맛이 아주 달기 때문에 상품(上品)이다. 지명으로 대추 이름이 들어간 곳도 볼 수가 있다. 토굴에서 자고 난 아침, 노스님과 함께 먹은 죽에도 대추맛이 들어 있었다.

13세기 당시에는 주민이 불교도였다고 하는데, 안내 자료를 살펴보면 이 산동반도는 옛부터 종교적 분위기가 짙은 곳이다. 유교 최고의 성지 곡부(曲阜)는 공자님의 탄생지. 당시 노(魯)나라 때에는 수도로서 공자님의 활동 무대의 하나였다.

그런가 하면 도교(道敎)의 한 파인 전진교(全眞敎)의 발상지는 법화원에서 그리 멀지 않은 곳에 있다. 차산(嵯山)이 그 곳이다. 지금도 도법을 계속 수련하고 있는 도장이다.

'태산(泰山)이 높다 하되 하늘 아래 뫼이로다. 오르고 또 오르면 못 오를 리 없건만은 사람은 제 아니 오르고 뫼만 높다 하더라' 하는 봉래(蓬萊) 양사언(楊士彦)이 쓴 시조 첫머리 태산은 오대명산(五大名山) 오악(五岳)의 첫번째로 원시 사회·봉건 사회 때 황제가 친히 하늘에 제사를 모실 만큼 신성시 여겨왔던 곳.

1987년에는 유네스코가 '세계 자연 문화유산'으로 지정한 자연박물관으로서 동방문물의 보물창고라고 할 수 있는 곳이다.

이와 같이 불교·유교·도교·민속 신앙까지 합쳐서 산동반도는 중국 순례의 축소판이 아닌가 여겨진다. 산동반도는 여기 한 곳만 잘 눈여겨 봐도 충분히 중국에 온 보람을 느낄 만한 곳이다.

참고로 산동반도 교통편은 두 가지 방법이 있다. 비행기로 오는 방법 외에 부산·군산·인천 등의 직항로 여객선이 있어 옛 구도자의 길을 답습해 볼 만한 곳이다. 특히 동북인(흑룡강성, 길림성, 요녕성) 조선족이 위해(威海)·연대(烟台)·문등(文登) 등 곳곳에 살고 있어서 길 안내자로 앞세워 별 어려움 없이 다닐 만하다.

조선족 가정에 민박을 할 때에는 한국 음식을 맛 볼 수도 있다. 내 경험으로 비추어 보면 산동반도 여행은 이제 제주도 나들이만큼이나 가깝지 않나 싶다. 게다가 경비가 극히 적게 든다는 게 여행의 매력이 될 터이다.

각설하고, 그 날 저녁에 있었던 소참(小參) 법문 법석(法席) 한 자리를 차지하였던 건 꿈만 같다. 노스님이 나그네에게 얼마나 자상하고 따스하게 대해 주셨는지 모른다. 참으로 일불제자(一佛弟子)로서의 긍지를 심어 주었다.

청법 대중은 법화원 대중으로 노스님 시자 비구 한 사람과 비구니 다섯 사람이었다. 눈이 소복히 쌓인 밤에 석탄 화롯가에서 마치 할아버지의 옛날 이야기를 귀담아 듣는 듯한 오손도손한 분위기였다. 법문 주제는 능엄경에서 발췌한 '청정명해(淸淨明

海)'로 한 30~40분 가량 이어졌다.

 법명이 능찬(能闡)인 노스님은 금년 춘추가 희수(喜壽) 되시는데 오후불식(午後不食)을 지키고 있다. 수행 방법은 천태종(天台宗)에 속하지만 영명(永明) 선사의 선정쌍수(禪淨雙修)를 따르고 있다.

 "참선을 하면서 나무아미타불 염불을 하는 이는 만 사람이면 만 사람이 모두 뜻을 이루고 정토(淨土)에 갑니다."

 이렇게 필담으로 설명하면서 중국의 천태종 수행승 태반이 이와 같은 정토종의 길을 걷고 있다고 확실하게 단언하듯이 덧붙인다. 여름·겨울 안거는 몇몇 큰 선종 사찰에서 간신히 지킬 뿐으로 한국 산중 대중의 안거 위주 수행에 대단히 기꺼워한다.

 한 가지 아쉬운 점은 노스님의 토굴이 법화원 산문 밖에 나와 있다는 사실이다. 물론 방사(房舍)가 그렇게 어려워서였겠지만 비구니들의 처소가 있는 만큼 노스님의 방사 해결이 산문 안에서도 가능할 터인데.

 "스님의 여행은 자유롭습니까?"

 처음에는 노스님의 묻는 말씀이 어디에 있는가 납득이 잘 가지 않았다. 언어 문제인가, 경비 문제인가, 아니면 다른 문제인가 하고 말이다. 그런데 한참 뒤에 그 취지를 알았다. 중국 정부에서 스님의 자유로운 여행을 허락하느냐 하지 않느냐에 달려 있었다.

 다른 곳은 잘 모른다. 이 법화원은 특이하게 공작원(工作員) 가운데 사찰(査察) 임무를 띤 이가 사무실을 갖추고 상주해 있다. 영어를 할 줄 아는 공작원은 수시로 출입자 내외 동태를 공안당국에 보고하고 있다. 한 번은 새벽 5시 반경에 스님들의 모든 처소 방사 안을 뒤진 일이 이를 증명한다. 어떤 보고가 들어 간 날에는 체제를 유지하기 위해서인지 불순분자를 색출하는 듯한 작업을 한 것이다. 아찔한 일이다.

며칠간 묶은 연대의 죽림사(竹林寺)의 경우는 이런 분위기와 전혀 다르다. 내가 언제라도 와서 머물러도 좋다고 쾌히 맞아주었다.

법화원 주위 해안 경비가 다소 심하다는 이야기도 들었다. 일본·한국 등 외국 사람의 참배자가 잇따라 있는 법화원의 특수 사정 때문에 그럴까.

아침에 노스님 토굴에서 떠나는 때였다.

"반갑습니다. 또 오십시오."

법화원 산문(山門)에서 만난, 절 기념품 매점 담당자 장(張)양의 또렷한 한국말 인사이다. 장양은 한글을 혼자서 떠듬떠듬 공부하면서 한국 사람과 펜팔을 하고 있다. 성씨도 창건주 장보고 거사와 같아 법화원에서 사는 게 무슨 인연인 것만 같다.

외국에서 모국어 인삿말을 받는다는 건 참 반가운 일이다. 더구나 외국 사람에게서 말이다. 그래서인지 황해에서 떠오르는 햇빛을 가슴으로 받으면서 눈길을 걸어 내려와 버스에 몸을 싣기까지 발걸음이 무척 가벼웠다.

장보고 거사가 창건한 법화원(下)

　장보고 거사의 원력으로 창건된 적산 법화원이 중창불사로 새로 세워진 것은 여덟 해 전의 일이다. 천이백 년 동안 잠든 법화원 옛터를 일깨워 일으킨 건 뜻밖에도 일본의 '적산 법화원 연구회'의 공적이다.

　1987년을 전후로 하여 그들은 일본 고승 원인(圓仁) 스님이 지은 《입당구법순례행기(入唐求法巡禮行記)》를 근거로 법화원 옛터를 찾아내는 데 성공하였다. 그보다 70년도에는 답사 고증을 마치고 고증 비문 아래 지도 석각까지 한 정성이 놀랍다.

　원인 스님은 여러 해 동안(서기 839~847년 사이) 중국을 순례하면서 두 해 아홉 달 동안을 법화원에서 머문 적이 있는 도당 구법승의 한 분이다. 그때 산중 대중 스님네는 27명에서 40명 가량 되었고, 쌀 5백 석이 나오는 적산벌 사출 논이 있었으며 큰 법회 불사 때에는 신라인이 2백5십 명 가량이 되었다고 하니 웬만한 큰 절에 비견할 만했다.

　'적산 법화원 연구회'의 고무적인 활동에 힘입은 지역 주민들이 '중건 법화원 공작회'를 결성하여 불사금을 십시일반(十匙一飯)으로 모아 한 해 반에 걸쳐서 중창불사를 회향한 때는 1990년 5월 1일.

다음은 영성시 관광 안내 팜플렛에 있는 법화원 소개 내용이다.

"적산 법화원은 영성시(榮成市) 석도(石島) 북부 적산 남쪽 기슭에 자리한, 당나라 때 신라 사람(지금 한국) 장보고 거사에 의해 창건된 절입니다. 일본 고승 원인 법사는 입당 구법 순례길에 객으로 여기에 와 머문 바가 있으며, 귀국 후에는 《입당구법순례행기》 한 권을 남겼습니다.

적산 법화원은 비록 명산대찰에 속하지 않지만 중국, 한국, 일본 인민의 우의를 굳게 다지는 초석이 될 것입니다. 적산 법화원은 이제 중국, 한국, 일본 세 나라 우호의 상징입니다."

뒤늦게 동참한 한국은 절 앞 과수원 동산에 높다랗게 15m의 '장보고 기념탑'을 세웠고 비림(碑林)에는 한글 비문을 새겨 놓았다.

이 무렵 한국의 조계종단은 개혁의 거센 바람이 불어 닥치기 직전의 캄캄한 밤중이었던 탓인

◐ 법당에 모셔진 장보고 거사 진영.

지 그대로 깊은 잠 속에서 보내고 있었다.

인도의 불교성지에서도 일본 등 다른 나라의 뒷북을 치기 일쑤인 한국 불사들 - 중국에서도 예외가 아니어서 이번 적산 법화원 중창불사에 동참하지 못한 자책으로 뼈저린 아픔이 있다.

법화원 염불도량의 일과는 아침 다섯시 반에 기상을 알리는 딱딱이 소리에 맞춰서 시작된다.

아침 예불을 올리고 아침 죽을 먹는 시간은 6시 10분. 사시 예불은 없고 점심 공양은 12시이며, 저녁을 먹은 뒤에 저녁 예불이 6시에 있다.

이 곳 염불도량의 특색은 우선 대답하는 말에서 찾아볼 수가 있다. 누군가가 "아무개 스님!" 하고 부르면 대답 대신 합장한 자세로, "아미타불!" 한다. 또 "예!" 할 때에도 "아미타불!" 한다.

노 비구니 스님의 거실 벽에 붙은 글귀 몇 줄을 옮겨 본다.

夢中冥冥 有六趣
覺後空空 無大天
꿈 속에선 알지 못해 지옥 천상에 다녔는데
깨고 보니 텅 비어 대천세계 간 곳 없네.

이 글은 선정쌍수(禪淨雙修)를 주창한 영명 연수(永明延壽) 선사의 법문이다. 다음은 염불관을 포함한 '다섯 가지 마음을 관찰하기〔五佇心觀〕'이다.

多貪衆生 不淨觀 탐욕중생은 부정관
多嗔衆生 慈悲觀 성내는 중생은 자비관
多散衆生 數息觀 산란한 중생은 수식관
愚癡衆生 因緣觀 어리석은 중생은 인연관
多障衆生 念佛觀 장애가 많은 중생은 염불관

첫째, 탐욕심이 많은 중생의 치료 방편으로는 죽은 시체를 마음 속으로 관찰하는데, 열 가지로 나누어서 실감나게 하는 부정관이 있다. 죽음은 마치 그 사람의 그림자와 같이 우리 곁에서 한 치도 떨어져 있지 않다는 사실을 깨우쳐 주기에 탐욕 치료의 묘약이다.

둘째, 성내기를 잘하는 중생의 치료 방편으로는 고통을 받고 괴로워하는 이를 위해서는 고통을 씻어주고, 무덤덤하고 심심해서 또 이것이 고통이 된 이를 위해서는 즐거움을 가져다 주는 보살의 자비관이 있다.

셋째, 마음이 산란해지기 잘하는 치료 방편으로는 정신을 통일시켜 숫자 세기를 하는 수식관이 있다. 하나에서 열까지 흐트리지 않고 세어 나가는 방법들이 있다.

넷째, 어리석은 중생의 치료 방편으로는 어느것 하나도 독립되어 떨어진 것이 없으며, 인연으로 얽히고 설켜서 서로 영향을 주고 영향을 받고 있음을 관찰하는 인연관이 있다. 내 작은 한 몸의 소우주에서 넓은 세상의 대우주로 차츰 시야가 넓어졌을 때 세상의 본질을 꿰뚫어 볼 수 있는 지혜가 열린다.

다섯째, 하는 일마다 장애에 부딪혀서 주저앉고 마는 중생의 치료 방편으로는 일심칭명(一心稱名) 염불하는 염불관이 있다. 염불 삼매(念佛三昧)에 들면 광명 속에서 불보살님의 성상(聖相)을 눈 앞에서 뚜렷이 친견하게 된다. 이때 업장이 씻어지는 한편으로 불보살님의 가피를 입어 하는 일마다 원만히 이룰 수가 있는 것이다.

법화원 염불도량에서는 일심칭명 '아미타불'을 염한다. 이 염불관의 보급 방법으로 전자 염불기(電子 念佛機)를 신도들에게 보시하고 있다. 전자 염불기에서는 24시간 아미타불 염불 소리가 노랫가락으로 나온다.

이런저런 이야기를 나누다가 문득 탁자 위에 놓인 《선문일용(禪門日用)》이란 책자에 눈길이 멎었다. 무심결에 고려국 보조 국사 수심결(修心決)장을 넘겨보고는 노 비구니 스님에게 말했다.

"여기 보세요. 보조 국사의 도량 송광사와 보조국사의 진영이 있습니다." 하고는 송광사 안내 소책자를 내보였다.

"아미타불. 부처님의 인연입니다."

비구니 스님은 감격해 마지 않았다.

나무 아미타불.

◯ 절 앞 동산에 세워진 장보고 기념탑.

중국 사람의 건강 관리

병을 물리치고 오래오래 사는 건강법으로 방송(放松)이라는 간단한 방법이 있다. 물론 수많은 건강관리법의 하나이다. 만병통치의 약이 있을 수 없듯이 방송 역시 어떤 사람에게는 맞을런지 모르나 어떤 사람에게는 효과가 없을지도 모른다. 사람마다 개성이 있듯이 건강 관리 역시 다르기 때문이다.

도시 가운데 쯤에는 문화 광장이 있어서 저녁을 먹고 난 시간이면 추우나 더우나 수십 명, 혹은 백여 명이 사교춤을 춘다. 장소는 대개 시청 앞 광장이다.

음악이 나오면 너나 할 것 없이 사교춤을 춘다. 가족끼리, 연인끼리, 친구끼리 파트너가 다양하고 춤의 종류 역시 여러 가지다. 심심하면 구경거리다 싶어서 저녁을 먹고 문화 광장에 나가본다.

이 사교춤 외에도 기공(氣功)을 하는 쪽도 있다. 간혹 검술을 하는 이들도 있다. 특히 공원 같은 산을 낀 장소에서는 별난 이들이 보인다.

태극권(太極拳) 쪽에서 향공(香功) 쪽으로 유행의 바람이 부는 듯 향공을 하는 이들이 더 많이 눈에 뜨인다.

이런 분위기에 젖다보니 어느 새 뒷자리에서 허수아비 같은 몸짓이지만 나그네도 끼어본다. 시장에서 만두를 파는 아주머니도 유연한 몸짓으로 향공을 하는 데서 존경심이 일어난다. 누구나 할 것 없이 국민 보건체조라고 할 만큼 보편화되었다고나 할까.

어떤 이들은 학의 날개짓과 몸짓만으로 기공을 한다는 데서 '학 기공(鶴氣功)' 이라고 한다. 장수의 상징인 학을 닮아 오래 오래 살기를 염원한 데서 생긴 것이다. 학 기공은 영락없이 학이 날고 걷는 형상으로, 하여간 재미가 있다.

잘 먹고 맛있게 먹고 무병장수하고자 하는 중국 사람은 이쪽 방면에 뛰어난 머리를 가진 것만은 확실하였다. 옛날 당나라 때

● 어둠이 내리고 거리에 불이 켜지기 시작하면, 광장에 모여든 사람들은 사교춤, 기공, 향공 등으로 취향에 따라 어울리다가 밤이 으슥해지면 뿔뿔이 헤어진다.

에는 이런 일이 지나쳐서 당조(唐朝) 22황제 가운데 6황제가 외단약(外丹藥)으로 죽었다는 기록이 《이십이사차기(二十二史箚記)》에 들어 있다고 한다. '불로장수의 약' 외단(外丹)의 과용으로 중금속 중독 치사(致死)한 것이다. 민간인의 중독 치사는 헤아릴 수가 없이 많다.

 학생들이 책을 오래 볼 때에는 발가락에 생각을 모은다. 그래야 머리가 아프지 않다. 허리 띠를 중심으로 허리띠 윗쪽을 상체(上體)라 하고 허리띠 아랫쪽을 하체(下體)라 하는데, 하체 쪽에 신경이 모아져야 책을 오래 볼 수가 있기 때문이다. 머리로 책을 보면 오래 볼 수가 없다. 적어도 배, 특히 아랫배 쯤에 신경을 내려두는 것도 좋다. 여기를 하단전(下丹田)이라고 도가(道家)에서는 말하며 아주 중요하게 여긴다. 왜냐하면 기(氣)의 중심점이기 때문이다. 신경을 하체 쪽으로 더욱 내릴 수만 있다면 그만큼 건강에 좋은 것이다.

 참선하는 사람이 머리로 화두(話頭)를 들지 않고 배로 화두를 들어야 상기(上氣)가 없다는 옛 말씀은 확실히 근거가 있다. 여기서 다시 발가락 쯤에 신경을 내려서 발바닥으로 화두를 든다면 더없이 바람직한 일이다. 그래서 발가락을 꼼지락거려서 좌선 중에 망상과 잠을 쫓는 효과를 얻는 것이다.

 방송(放松)은 이름 그대로 천 년 수명을 상징하는 소나무를 닮는 자세이다. 얼굴과 상체는 소나무 잔가지와 솔잎과 같이 바람에 흔들리듯 부드러운 상태를 유지하고, 하체는 이와 달리 소나무가 절벽 틈새에 뿌리를 억세게 내리고 있듯이 발가락 열 개 모두를 움추려서 힘주어 구부린 상태를 유지한다. 마치 빙판길을 갈 때 발가락에 힘을 주어 걷는 자세와 같다.

이 효과는 대단해서 둘째 발가락에서 선을 그어 발꿈치께로 이었을 때에 윗쪽 3분의 1쯤에 해당하는 부위가 용천혈(湧泉血)로 여기에 강한 자극이 간다. 방송의 자세를 취하였을 때에 두 다리는 돌덩이나 쇳덩이같이 단단해짐을 느낄 수 있다.

얼굴과 상체는 아주 부드러우며 힘이 빠지고, 하체는 아주 강하며 힘이 들어 있는 상태를 상허하실(上虛下實)이라고 말한다. 건강한 이는 상허하실하고 건강이 좋지 않은 이는 이와 반대로 상실하허한 게 특징이다. 얼굴이나 어깨, 목에 힘이 들어 있는 시간이 많아지면 통증이 와서 견디기 어려운 것도 이런 이유 때문이다. 좌선할 때에도 그렇고, 일을 할 때에도 그렇고, 글씨를 쓸 때에도 마찬가지이다. 방송은 한 마디로 건강의 상징인 상허하실의 표준 자세이다.

그런데 시간적으로 이야기하는 예가 있다. 어느 때든 괜찮으나 가장 좋은 때는 네 때로 아침과 저녁 5시부터 7시 사이, 밤과 낮 11시부터 오후 1시 사이이다. 이 네 때에 10분에서 15분 정도 방송의 자세를 취하는 것만으로도 좋다는 것이다.

이 말에는 일리가 있다. 해가 뜨고 지는 시간에 고기가 잘 잡히듯이, 이 때에 사람의 기(氣)를 다스리기에 적절하며, 정오와 자정 무렵 역시 해가 정중에 오고, 밤이 깊어진 시간에 깨어 일어나 기의 흐름을 다스리기에 적절한 것이다.

물론 참선이나 염불, 혹은 절을 하는 사람이 방송의 자세를 취하고 자기가 하고자 하는 수행을 계속한다면 금상첨화이다.

방송의 자세를 취하는 데에는 제한이 없다. 반듯이 누워서 하든 옆으로 누워서 하든 상관이 없다. 걷는 이는 걸으면서, 앉아 있는 이는 앉아서 그대로 방송의 자세를 취하면 된다. 이유없이 불쾌감이 오거나 권태, 무기력 같은 걸 경험한 이는 더할 나위없이 좋은 치료 방법이다.

방송에는 세 등급의 수준이 있다. 하등급은 크게 몸을 움직여서 방송 자세를 취하고, 중등급은 몸을 거의 움직이지 않고도 방송의 자세에 들어가고, 상등급은 말로 전할 수 없는 경지이다. 스스로 터득할 수밖에 없는 상등급의 방송에 이르르면 인간 수명이 100살은 무난하다는 게 고인의 말씀이다.

그 원리는 간단한 데서 찾아 볼 수가 있다. 157살까지 수를 누린 한 장수자는 이렇게 말한다.

"흙을 불에 구워 단단한 기와나 벽돌을 만들듯이 몸도 이와 같습니다. 가만히 있으면 기가 가라앉고 몸의 불길도 잦아집니다. 그러나 몸의 기를 살려 불길을 불어 일으킨 날에는 몸이 쇠와 돌덩이같이 단단해집니다."

물론 부처님의 가르침은 무병장수에 목적을 두지 않아서 오래 살든 그렇지 않든 상관이 없다. 한 마디로 말하자면 '거짓 나'에 속지 않고 인간답게 '자기 본래 모습' 대로 사는 데에 목적이 있기 때문이다. 하물며 피로 회복이나 긴장 완화 따위에 관심을 돌리기에는 범위가 너무 좁은 감이 있다.

한편으로, 역사적인 선(禪)이 인도의 요가와 중국의 도가(道家)

수행법과 접목, 그 출발점을 가졌다는 데에 눈을 돌린다면 방송 역시 의미 있는 일이라 하겠다.

  건강은 건강할 때 지켜야 효과가 있다. 중국 사람의 건강 관리대로 방송의 자세를 마흔 살 이전부터 꾸준히 취한다면 금생의 건강과 장수는 확실하게 보장받는 셈이다.

죽림사(竹林寺)

　죽림사가 자리한 연대(烟臺)는 일찍 개항한 해변 도시이다. 천진조약(天津條約) 이듬해인 1861년이다. 서구의 신문물이 밀려 들어와 병원, 교회, 학교 등이 들어섰고, 각국의 초기 영사관이 들어섬에 따라 외국인의 왕래가 빈번한 탓으로 시민들 역시 개방적인 성격을 띠고 있다.

　연대시는 1986년과 금년을 사진으로 비교해 볼 때 불과 10여 년의 차이인데도 완전히 다른 모습을 하고 있다. 말하자면 개혁·개방의 한 모델인 셈이다.

　연대 대학에는 한국 유학생이 열아홉 명이 와 있다. 연대 사범대학 쪽에는 더 많은 한국 유학생이 와 있다고 하니 놀랄 만한 일이다.

　연대 대학 주위는 여전히 아파트 건설 붐을 타고 도시 계획에 따라 빈 공간에 아파트가 착착 들어서고 있는데, 일부는 한국의 대우(大宇) 중공업에서 공사를 맡고 있다. 풍광도 한 몫하는 멋진 주택 공간은 테이프를 끊을 날을 며칠 기다리고 있다. 나그네는 이런 거리를 오고가면서 문득 한국의 1960년대 건설 붐의 모습을 상기해본다.

아파트를 지을 때 땅을 수용하는 방법은 우리네와 달리 쉽게 해결된다. 자고 일어나면 대문 앞에 철거 딱지가 붙어 있다. 전국토는 국유지가 원칙이다. 명령일하에, 하루 아침에 멀쩡한 집들이 철거된다.

○ 대웅보전 앞에서 죽림사 스님들과 함께. 10월 19일 중창불사 회향식을 마치고. 왼쪽에서 두번째가 글쓴이.

엘리베이터가 없어서 아파트는 대개 칠층 높이로만 짓는다. 모양과 색깔은 똑같다. 벽은 흰색이고 지붕은 붉은색을 띠고 있다. 대학생 대부분은 학교 구내 아파트를 이용한다. 식당 역시 구내식당이 있다. 이곳 지방 대학생들의 데모가 없는 것은 학교 구내에 공안실(公安室)이 있기 때문만은 아니다. 그 이유는 외부 세계와 단절된 데에서 온 것이다.

젊은 대학 교수들과 이야기를 나누면서 그들이 논어(論語)의 내용을 모르고 있다는 데에 놀랐다. 옛 문화와도 단절된 사회이다.

"김선생, 한국 사람이 중국 역사를 더 잘 알고 있습니다." 하고 칭찬한다. 그들에게는 확실히 공백 기간이 긴 것이다. 하다못해 공자님 탄생일에 모시는 대전(大典)에서도 서울 성균관에서 그 의식을 대행해 주었으니 알 만하다.

'문화 대혁명'의 여파로 파괴된 죽림사는 작년 시월에 중창되

○ 중창불사 회향식날. 모든 행사 주관은 시(市)와 공산당이 하고 스님은 법어 시간에 설법만 한다.

었다. 중국의 중창 불사 대시주는 대개 홍콩이나 대만의 화교 불자가 맡고 있듯이 죽림사 역시 하얼빈의 한 거사가 큰 몫을 하였다. 일반 불자들은 십시일반 동참하였다. 불교가 인도에서 시작된 사실조차 모르는 일반 대중 속에서 불심이 돈독한 이가 그래도 명맥을 유지해 나간다.

'거사(居士)'는 남녀 구분 없이 부른다. 청년이란 말 역시 '남청년', '여청년' 하고 구분 없이 사용하고 있다. 또한 한국 불자가 보기에 이상한 것은 거사가 남녀 구분 없이, 승속 구분 없이 가사 장삼을 수하고 있는 모습이다. 내용을 알아보니 거사의 가사는 우리네 사미와 사미니가 수하는 '마니가사', '무조(無條)가사'이다. 무조(無條)는 계율상으로 당연하지만 언뜻 보면 승속을 구분해서 알아볼 수가 없다.

중창불사 개원식 진행에서도 승속의 선후가 없는 듯하다. 오히려 출가승은 뒤쪽에 서서 관망하는 쪽이고 모든 진행은 재가인 집행부가 도맡아서 앞장 선다. 이것을 '대승불교'라고 표현한다. 한편 일리가 있는 듯하나 실상은 그렇지 않다. 왜냐하면 완화된 종교 정책이긴 하나 사회주의란 지붕 아래 불교가 갇혀있다는 사실 때문이다.

크리스마스 때의 일이다. 교회 연합회의 축제에서도 교회 건물 밖에 트리나 프랭카드 등 어떤 장식도 없이 지냈다. 아직은 때이른 시기가 아닌가 여겨진다.

좋은 기회에 연대 토박이 한 분을 만나 죽림사 역사를 알게 되었다. 금년 환갑인 담(譚) 선생은 40년 동안 연대시의 사진을 찍어서 책으로 펴낸 분이다.

그의 《노연대영람(老煙臺影覽)》 속에서 죽림사 부분을 정리해 본다.

시(市) 내산구(萊山區) 대왕산(岱王山) 남쪽 기슭 대밭 사이에 자리한 죽림사는 1162년 (金나라 大定 2년)에 창건되었

❂ 계단층계에서 일렬식인 죽림사 가람 배치도.
일주문 – 종루·고루 – 천왕전 – 대웅보전 – 미타전이 한 줄로 서 있다.

다. 그 이후 명·청 양대에 걸쳐 꾸준히 증축 보수되었다. 규모는 산문(山門), 정전(正殿), 후전(後殿), 동측전(東側殿) 등으로 짜임새 있는 대가람을 이루었다.

산문 앞 좌우에는 돌사자가 놓여 있었다고 한다. 속칭 '사자후를 하는 돌사자' 이다. 가볍게 두드리면 특이하게 쩡쩡 쩡쩡 하고 울림 소리가 울려나오기 때문이다. 그러나 이 돌사자는 아깝게도 일본군이 침입하였을 때에 화염 속에 사라지고 말았다.

산문 좌우에는 사천왕상이 놓여 있었다.

정전이 3칸, 후전이 3칸으로 금단청으로 장식되었다. 주불 석가모니 좌상(坐像) 좌우에는 가섭존자와 아난존자가 배치되어 있다.

후전 누각은 이층이었다. 윗층에는 부처님의 어머니 되시는 마

● 한 보살과 그의 아들. 신도증을 내보이는데, 자기 소속 사찰이 정해져 있고 이사를 가면 소속 사찰을 옮겨간다.

● 향 공양은 국수 다발만큼 한움큼씩 한다. 한국 불자들과 다름 없는 노보살님들.

야 부인께 공양을 올리는 천신상(天神像)이, 아래층 3칸에는 18 나한상이 서쪽으로 모셔져 있었다.

경내에는 절 창건, 중수 내력을 담은 비석이 여남은 개 된다. 동쪽 한켠에는 불공만을 올리는, 벽돌로 쌓은 작은 불당이 3미터가 넘는 높이로 서 있었다.

정전 문 앞 왼켠 종각에는 천근이 넘는 큰 종이 매달려 있고, 금자(金字)로 기둥에 '진실로 불교성지라고 일컫는 곳〔眞謂佛敎聖地〕' 이라고 씌여 있었다.

절 방은 모두 44칸이고 토지는 14,000여 평.

1956년에 본 모습은 이러하다. 절에는 스님들이 기거하고 있으나 퇴락한 상태였다. 법당 등 건물은 한쪽으로 기울어지고 오래 보수의 손질을 놓은 탓으로 허술하기 짝이 없었다. 산문 앞에는 '선인교(仙人橋)' 라고 하는 돌다리가 있었다. 이 돌다리를 건너면 세속을 벗어나 부처님의 세계에 들어간다는 뜻이다. '사자후를 하는 돌사자' 는 불길에 그을린 채 산문 밖 한켠에 나뒹굴어 있었다.

절 앞 좌우로 뻗어내린 두 산줄기는 흡사 두 마리의 용이 꿈틀하는 형상이고, 그 사이 개울물 줄기는 용의 수염에 해당한 자리였다. 봄날 개울물 위로는 주위 과수원에서 날아온 배나무 꽃잎 이파리가 가득 채워져 흘렀다. 마치 겨울날 눈이 쌓인 듯한 장관이었다.

절 한가운데 쯤에는 아름드리 송백(松柏)이 우거져 있었고, 몇 그루의 목단꽃이 어우러져 피어 있었는데, 그 사이 깨어진 비석이 흩어져 있었다.

후원채에는 우물이 하나 있었는데 감로와 같은 물맛도 물맛이거니와 땅 높이와 물의 높이가 항상 같아서 쉼없이 흘러 넘치고 있었다.

그대로 남아 있는 것은 별로 없었다. 절 한가운데 놓여 있는 대형 향로와 18나한상만이 옛 모습이었다. 이것들은 주위 대밭의 푸른 빛과 함께 죽림사 역사를 대변하고 있는 듯하였다.

안내하는 한 노승(老僧)은 이렇게 말하였다.

"옛날 죽림사는 대단했지요. 사시사철 향화(香火)가 끊임없이 이어졌습니다. 주위 수십 리 밖에까지 줄을 지은 신도들이 참배와서 불공을 올렸지요."

1980년대 죽림사는 이미 민가로 바뀌어져 버렸고 노승(老僧)은 일찍이 열반에 든 뒤였다.

1995년에는 연대시에 여유부문(旅遊部門)으로 '죽림사 중창불사 허가 신청서'를 제출하고 불사에 착수하였다. 두 해가 지나 옛 황실 별궁 형태로 완공되어 개원식을 가진 때는 1997년 10월 19일.

죽림사는 현재 젊은 스님들이 아미타불 수행 도량으로 가꾸어 가고 있다.

조주 관음원(趙州 觀音院)

여기는 원소(袁昭)의 땅 기주(冀州), 이보다 앞서 춘추전국 시대 조(趙)의 근거지로 지금은 하북성(河北省) 광활한 대평원 위에 석가장(石家庄)을 중심으로 남북에 두 유서 깊은 선찰(禪刹)이 우뚝 서 있다.

북으로는 짧고 굵게 살다 가신 할(喝)의 선사 임제의 조정이고, 남으로는 황하의 느릿느릿한 물줄기같이 깊고 도도하게 삼계의 나그네로 천하를 주유하며 만행으로 120평생을 살다 가신 고불(古佛) 조주의 조정이다.

두 선사는 동향인이며 동시대를 함께 누리고 가신 분이다.

선(禪)이 곧 남(南)과 동

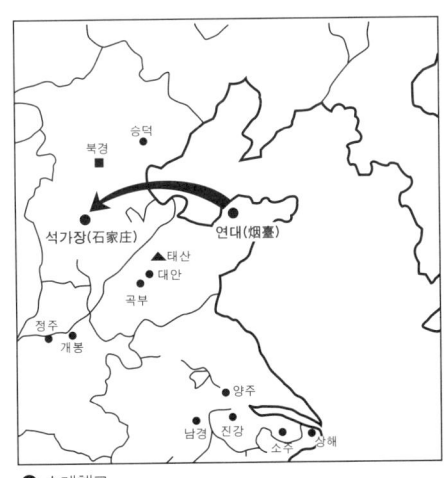

○ 순례행로.

의어로 쓰이듯이 수행 정진과 오도(悟道)의 인연터는 다같이 남방이었고, 행화(行化) 도량으로 후학을 길러내는 근본 조정은 북방이었다. 귀소본능(歸巢本能)이라고 할까. 입적하실 때에는 고향 산동(山東) 조현(曹縣)과 가까운 하북(河北)에 계셨다. 부처님께서도 입적하실 때에는 역시 탄생지 룸비니 쪽에 가까운 구시나가라에 계셨다. 마음의 고향과 육신의 고향은 둘이 아니라는 사실을 말함인가.

○ 보수중인 조주 스님의 사리탑 앞에서 조선족 지객 명화(明和) 스님과 함께.

남방에서 북방으로 우리 상상을 훨씬 뛰어넘는 수천 리 길은 도보로 족히 석 달 만행 코스이다. 천여 년 전에 이 곳에서 살다 가신 선사들은 석 달여의 안거를 마치고 석 달 문법(問法)을 위해 남방과 북방 사이를 오고 갔을 법한 일이다. 요새는 장거리 침대 버스로 30시간밖에 걸리지 않는 지척의 거리지만.

동진 출가하여 스승 시자를 40년 동안 한 후 20년 만행을 하다가 80살이 되어 조주 관음원, 지금의 조현(趙縣) 백림 선사(柏林禪寺)에 석장(錫杖)을 멈추신 조주 스님의 도량에 와서 조주어록을 펼치며 몇 날 며칠을 보냈다.

"다 부질없는 짓이다."라는 선사의 추상같은 꾸짖음이 도량 곳곳에서 배어나오는 듯하다. 후학의 어리석음은 마치 '사자는 돌멩이를 던진 사람을 물지만 개는 돌멩이를 쫓아간다'는 말처럼 돌멩이를 쫓는 셈이다.

조(趙)왕과 연(燕)왕 등 두 왕이 와도 의자에 똑바로 앉은 채 일어나지 않은 기백이 조주 스님께 있었다. 백림 선사는 그런 기백을 연출해 낸 선사의 무대라는 사실이 큰 힘을 준다.

관음전 앞 뜰에는 향나무와 같은 천 년 넘은 고목 당백(唐柏)이 '뜰 앞의 잣나무'로 아직껏 서 있다.

뜰 앞의 잣나무.

달마 조사가 인도 서쪽에서 오신 까닭이 '뜰 앞의 잣나무'이다. 이 도량에서 한 스님이 조주 스님께 물었다.

"스님, 개에게도 부처

○ 천 명이 동시에 수련을 할 수 있는 시설을 갖춘 조주 관음원.

의 성품〔佛性〕이 있습니까, 없습니까?"

조주 스님의 답은 짧고 간단했다.

"없어〔無〕!"

천하 납자의 화두 '무(無)' 자가 생기는 순간이다. '무(無)'는 지금 세간에서 쓰는 '메이요〔沒有〕'란 표현이다. 그렇든 저렇든 '왜 조주 스님은 무(無)라고 하셨는가?'

그 조주 스님의 마음을 참구(參究)하는 데에 뜻이 있음은 물론이다.

○ 객실 쪽에서 본 '뜰 앞의 잣나무' 현장.

나그네는 조주 스님의 조정에 와서 새로 출가하는 날과 같이 중국 스님의 복장으로 바꾸어 있고 대중스님과 함께 지내는 뜻깊은 날을 맞이하였다. 삭발도 깨끗이 새로 한 탓인지 설레임마저 인다. 청정한 가풍이 우선 마음에 와 닿는다. 또한 당당한 무사와 같은 의젓함도 느껴진다.

8만 4천 마군(魔軍)을 항복시키는 기백이 살아 있는 선봉장이 곧 이 가풍의 선승(禪僧)이다. 마음 속에 번뇌 티끌 하나 없이 깨끗한 게 평천하(平天下). 선상(禪床) 다리 하나가 부러져도 그냥 부지깽이를 주워다가 묶어 쓸 뿐 곱게 다듬은 각목이 필요치 않은

○ 대웅보전 앞의 '뜰 앞의 잣나무'들.

청빈한 가풍 역시 조주 스님의 진면목을 엿보게 하는 일화이다.
불전에 중국식 예법으로 절을 올리고 조석 예불을 진행하는 동안 문득 조주 스님이 노구(老軀)를 이끌고 우리 곁에 나타나실 것만 같은 착각을 일으키곤 한다.
"메이요〔沒有〕."
다만 이 말뿐이다.

조주 관음원 가는 길
- 주소 : 中華人民共和國 河北省 石家庄市 趙縣 石塔路 29 柏林禪寺
- 전화 : 031) 4942-447
- 교통편

- 비행기 편 : 북경(北京)에서 석가장(石家庄)으로 오는 비행기 편.
- 기차나 버스 편 : 북경에서 283km 남쪽에 위치한 석가장. 쾌속버스가 비교적 수월한 편.
- 석가장에서 조현(趙縣) 가는 길은 수시로 다니는 시내 버스가 있다. 절 입구에서 바로 하차. 석가장에서 백림선사까지는 남쪽 30km.

현재의 백림선사(柏林禪寺)

- 방장(주지) : 정혜 화상(淨慧和尙).
광동(廣東) 남화사(南華寺) 스님으로 근세 중국불교 중흥조이며, 120세로 입적하신 허운(虛雲) 스님의 제자. 10년 동안 그냥 지내다가 9월 30일 방장(주지) 진산식을 치름.
- 대중 : 30여 명. 선방은 보수중으로 개원을 앞두고 있다. 한 일본 스님이 4년 동안 정진중.
- 일과 : 새벽 4시 20분, 목판을 '딱딱딱딱' 치고 다니면서 잠을 깨운다. 도량석인 셈인데 이 직사각형의 목판은 5종 가풍 가운데 임제종 가풍의 특성이 있다. 곧 이어서 사물이 울리고 예불을 시작, 6시에 마치고 곧 이어 공양간으로 가서 아침 죽을 먹는다. 쌀죽, 좁쌀죽, 강냉이죽, 콩물죽, 대추죽 등이 다양하다. 늘 앙꼬 없는 찐빵이 마련되어 있어 제 양껏 먹는다. 사시 마지는 10시 반. 11시 점심공양. 저녁 예불은 4시 반부터 5시 반까지 계속하고, 이어서 저녁 약석(藥石)으로 국수,

빵 등이 있다. 취침은 9시 반.
- 예불 : 특성이 있다. 능엄주를 시작으로 이산 선사 발원문을 마칠 때까지 1시간 20분 가량. 대개 좌우 대중이 서로 마주보고 서서 하는 시간이 많다. 아미타불 정근(精勤)을 할 때에는 법당 안을 돌면서 한다.

발원문 시간이 절정을 이룬다. 좌우대중이 서로 한 소절씩 나누어서 열창하면서 번갈아 가며 절을 불전에 올린다. 대중의 화음이 뛰어나서 오케스트라를 방불케 한다. 한쪽이 발원문 창을 하면 다른 한쪽은 절을 올리고 다른 한쪽이 일어나서 창을 하면 한쪽이 절을 올리고 하는 식으로 스무 번 이상을 반복한다.

출가, 재가, 남녀 구분 없이 가사 장삼을 수한다. 단, 재가자

○ 허운 스님의 제자인 정혜(定慧) 방장 스님의 법어 장면.

는 무조(無條) 가사를 쓴다. 절 안에 기거하는 전 대중은 반드시 예불에 동참하도록 한다. 만일 3회 이상 빠진 이는 벌을 내린다고 규정되어 있다.

법물유통처(法物流通處), 곧 불교서점 소임자들도 예불 시간에는 문을 닫고 예불에 동참한다. 청소하는 이들, 산문(山門)에서 지키는 경비들, 부목 처사까지 당번 외에는 전원 동참. 대중 화합의 모범이다.

- 지객 : 조선족 출가승으로 명화(明和), 명실(明實) 형제가 방장 화상의 상좌로 되어 있다. 조선족 승려는 한 열 명 가량 될 것이라고 한다. 지객이 한국말을 잘해서 여러 모로 편리한 점이 많다.
- 절 불사 : 대가람을 다듬는 불사가 진행중. 10년 전에는 100여 년 간 폐허와 같은 허허벌판이었다. 단지, 조주 스님의 사리탑과 '뜰 앞의 잣나무' 스무 남은 그루가 옛 도량을 지키고 있을 뿐이었다. 4, 5년 내에 오늘의 대가람이 이뤄졌다. 저력이 있음을 증명한다. 대학생, 청소년 수련회가 매년 여름철에 있다. 선(禪) 잡지를 계속 발간중이다.

금강경 다라니 탑과 조주교

조주(趙州) 관음원 앞 길은 석탑로(石塔路). 관음원에서 서쪽으로 5리쯤 떨어져 있는 네 거리 한가운데에 석탑이 하나 우뚝 선 데에서 생긴 이름이다. 그리고 그 유명한 조주교(趙州橋)는 이 석탑에서 남쪽으로 난 길을 따라 5리쯤 더 나아간 강가 공원에 있다.

석탑이 우리에게 잘 알려져 있는 까닭은 아마 해인사 장경각 안에서 '금강경 다라니 탑'을 보급한 데에 있지 않나 싶다. 해인강원 학인 시절 당번으로 번갈아 가며 반야심경 탁본 등과 함께 금강경 다라니 탑을 보급한 경험이 있어 무척 반가웠다. 조주 관음원을 물어물어 가는 길에 이 석탑을 먼저 참배하였다.

안내문에 따르면, 본래 석탑이 세워진 곳은 이 주위에 있던 개원사(開元寺)란 절터인데, 절이 폐사가 된 바람에 이 석탑로 네거리로 옮겨 왔다는 것이다. 옛 모습을 유지하고 있기는 하나 제 짝 돌들이 아니다. 예를 들면, 1038년에 처음 세워졌다가 번개로 파손되어 보수할 때에는 새로 돌을 갈아 끼우는 등으로 몇 차례 개수되었다.

높이 16.44미터에 8각 7층탑으로 1·2·3층 탑신에는 경문과 다라니가 음각으로 새겨져 있다. 그 밖에 각 층마다 불교 고사에 등장하는 한 대목 이야기와 불보살의 상징으로 사자, 코끼리 등이 장식되어 있다.

　그리고 '윤장(輪藏)' 책꽂이 목탑은 북쪽으로 80킬로미터 지점에 위치한 정정현(正定縣) 대불사(大佛寺) 안에 안치되어 있는데, 이 '윤장' 역시 석탑과 함께 귀중한 불교 유산의 하나이다. 윤장은 요즘 말하자면 대형 서점 한쪽 모퉁이에 서 있는 문고본 사면(四面) 책꽂이다. 이걸 최초로 만든 이가 부대사(傅大士).

　금강경오가해(金剛經五家解)에서 짧은 싯구로 금강경의 뜻을 전하는 데 아주 명쾌하기 이를 데가 없듯이, 이 윤장의 착안 역시 뛰어난 발명품이다. 높이가 두 길이 넘으며 형태는 8각으로 되어

❍ 전설과 화두로 유명한 조주교 전경.

있다. 한 전당 '전륜장각(轉輪藏閣)' 안에 별도로 '윤장'을 모셔 두고 불경을 잔뜩 꽂아서 이 윤장이 사람의 손길이 닿아 빙빙 돌아가도록 만들어져 있다. 흔히 쓰는 '법륜상전(法輪常轉)'이 실제로 '윤장'으로 눈 앞에 나타나 있어 재미가 있다. 금강경 전문(全文)을 탑 형태에 따라 순서대로 사경해서 만든 금강경 다라니 탑 역시 '윤장'과 같은 뛰어난 발상이 아닌가 여겨진다.

조주교의 처음 이름은 안제교(安濟橋)이다. 안제(安濟) 스님이 이 다리의 대화주(大化主)가 되었던 까닭이다. 안제 스님의 행장은 간략하게, 불교 4대 명산의 하나인 절강성(浙江省) 보타산(普陀山)에 주석하고 있던 동진 출가 스님이며, 이타행(利他行)을 평생 해온 자비의 화신으로 표현되어 있다. 보타산이 불교 명산의 하나인 관음도량으로 개산되기 약 240여 년 전의 일이다.

수(隋)나라 대업(大業) 연간(605~616)에 이 마을 사람인 이춘(李春)이 원을 세워 안제교를 만들었다.

❶ 왕생극락을 위해 관 위에 덮어주면 좋다는 금강경 탑다라니의 원형탑. 네 거리에 우뚝 서 있다.

● 100 줄기 이상의 면발을 손으로 뽑는 노상 가게 여주인. 조주교 부근에서.

"세계에서 가장 오래된 돌다리는 안제교, 곧 조주교입니다."

이 마을 사람들의 자랑은 대단하다.

1천 300여 년 전의 돌다리가 옛 모습을 유지하며 튼튼히 서 있다는 사실은 직접 눈으로 보고 믿을 만하다. 중국의 문화를 보다 긴 역사의 안목에서 이해하기 위해서는 전설과 같은 고사(故事)를 잘 이해해야 할 것 같아, 먼저《산해경(山海經)》을 대충 넘겨보고 크게 감탄한 바가 있다. 확실히 중국의 문화 속에는 전설과 같은 고사가 적잖이 혼용되어 있다. 이 안제교 역시 전설 속의 다리로 자리하면서도 한편 현실 속에 뚜렷이 남아 있다.

조주교는 아치형 무지개 다리이다. 돌 난간에는 용 등의 무늬가 양각으로 아름답게 새겨져 있다. 길이는 50.82미터, 너비는 9.6미터.

지금은 다리 아래로 강물이 잔잔히 흐르고 있는 아름다운 시민 공원으로 자리매김하여, 사람들의 발길이 끊이지 않고 있다.

조주 백림선원에서 펴낸 《조주선사어록》의 〈조주 다리 편〉을 옮겨 본다.

한 스님이 물었다.
"조주 돌다리를 오랫동안 동경해 왔습니다. 헌데 와 보니 외나무 다리군요."
조주 화상이 이르셨다.
"아사리는 외나무 다리만 보았지, 정작 조주 돌다리는 보지 못하였어!"
"어떤 것이 조주 돌다리입니까?"
조주 화상이 이르셨다.
"꾸오 라이, 꾸오 라이! (지나와 봐, 지나와 봐)."
한 스님이 물었다.
"조주 돌다리를 오래 전부터 동경해 왔는데 정작 와 보니 외나무 다리군요. 조주 돌다리는 보이지 않습니다."
조주 화상이 이르셨다.
"넌 단지 외나무 다리만 보았지, 조주 돌다리를 보지 못하였군!"
스님이 다시 물었다.
"어떤 것이 돌다리입니까?"
조주 화상이 이르셨다.
"뚜 뤼, 뚜 마! (나귀도 건네 주고 말도 건네 준다.)"

선사의 어록을 펼치면 명철한 지혜가 넘친다. 마치 고요한 새벽녘에 창가에 와 닿는 여명과 같은 기분이 든다.

　법문을 청하는 학자(學者)는 겸손하게 스스로 어리석음을 드러낸다. 아는 체하고 방장 화상 앞에서 설치지 않는다.

　"단지 외나무 다리만 보입니다. 조주 돌다리는 보이지 않아요."

　한편으로는 법문을 해 주실 방장 화상의 법기(法器)를 저울질하는 뜻도 은근히 포함되어 있다.

　"당신은 조주 돌다리는 알고 계십니까?"

　하는 질문이다.

　조주 화상은 능수능란한 마술사이다.

　'구슬 감추기'로 어린 아이의 눈을 이리 속이고 저리 속여서 감탄케 한다. 마치 야구의 홈런 선수와도 같다. 공이 들어오는 족족 홈런을 쳐댄다. 기교를 부리지 않아도 손이 가 닿는 족족 멋진 동화의 세계가 펼쳐지는 '색종이 오려 붙이기' 선수이다. 가위와 색종이만으로 세상 만물이 다 만들어진다. 곁에서 보는 아이들은 숨을 죽이고 '아하' 하고 놀랍고 감탄스런 눈으로 지켜본다.

　"지나와 봐, 지나와 봐!"

　그냥 던진 말 같지만 살아 있는 말(馬)이 되어 우리를 태우고 종횡무진으로 초원을 질주하여 놀라움과 감탄을 자아내게 한다. 조주 돌다리를 묻는 이에게

　"지나와 봐, 지나와 봐!"

　하는 말 이외에 더 무슨 군더더기가 필요할까.

임제 조정(臨濟祖庭)

 황하의 기적을 인재(人材) 배출면에서는 이렇게 보고 싶다. 중국 고대문명 발상지라는 역사의 기록도 중요하지만 그보다 더 위대한 것은 많은 성인이 황하 하류 마을에서 이 젖줄기를 인연하여 태어나 성장하고 활동 무대로 지내다가 삶을 마쳤다는 사실이다. 여기에는 공자, 노자가 계시고, 조주 선사와 임제 선사 등이 계시다.
 이번 참배길은 조주 스님보다 30년쯤 연하이지만 법거량에 있어서는 오히려 더 당당히 맞선 임제 스님 조정.
 밤 장거리 침대 버스를 여러 날 타고 가느라고 나그네는 거의 파김치가 되어 녹초가 될 지경이었다. 등에는 20kg이 넘는 배낭을 졌으니, 영락없이 초라한 나그네 모습이다.
 우선 절 안 수돗가에 가서 배낭을 내려 놓은 다음 세수를 하고 한숨을 돌렸다. 그래도 부처님 도량 안에 들어섰다는 안도감에 편안해진다. 잠시 후 가지고 다니는 정병(淨瓶)에 물을 담아 들고 해우소(解憂所)를 찾아 갔다. 임제 스님의 발길이 이 도량 안 어느 한 곳 머물지 않은 곳이 없다는 생각이 들어 마음이 뿌듯해졌다. 돌멩이 하나 풀 한 포기마저 소중하게 느껴졌다.

관음전 앞에는 불사 보시금을 접수하는 책상이 하나 놓여 있고, 그 책상 앞에는 어디선가 본 적이 있는 듯한 한 스님이 나를 지켜보고 앉아 있었다. 아직 사시 공양 예불이 시작되려면 이른 시간이다.

나는 무심결에,

"아, 스님이오? 여기 있소?"

하고 반가워서 말했다. 그 스님도 나를 보고 알은 체를 하면서 책상 앞에서 일어섰다가는 곧 제자리에 앉았다.

이제 보니, 이 중국 스님은 작년 가을에 연대(烟臺) 죽림사(竹林寺) 개원식 때에 객실 한 방을 쓴 적이 있는 젊은 스님이다. 나는 뜻 밖에 만나 반가웠다.

그와 나는 긴 시간을 두고 여러 날 동안 한국과 중국 불교의 이야기를 나누며, 서로 왕래하며 잘 지내자고 주소를

◐ 조사전인 법유당 안에 모셔진 임제스님 상.

주고 받았다. 나중에 그는 내게 정표로 중국 불경 등을 보시한 적이 있다. 시내에 목욕도 함께 다녀 올 만큼 친밀하다면 그런대로 친밀한 처지이다.

헌데, 그는 내게서 곧 시선을 돌려버리고 만다. 처음에는 왜 그가 갑자기 돌변했는지를 몰랐다. 무슨 기분이 안 좋은 일이 있는가 했다.

한참 뒤에야 그 이유를 알았다. 초라한 내 옷차림을 외면한 그는 외모, 즉 위의(威儀)가 객으로 갈 때 아주 중요하다는 점을 내게 깨우쳐 준 스님이다. 어색하고 머쓱해진 순간이지만, 나그네도 하는 수 없이 발길을 돌렸다.

관음전 뒷켠에는 대웅보전 불사가 진행되고 있었다. 기둥을 세울 준비를 하고 있는 불사 현장에서 한 노스님을 뵙고 합장을 올렸다. 나중에 방장실에서 친견한 방장 스님이시다.

여러 날 계속 버스 안에서 지낸 여독이 좀 풀릴 만했다. 배낭 안에서 가사 장삼을 꺼내 수하고, 법당 안에 들어가 사시예불에 동참하고 대중과 함께 객당(客堂)에서 점심을 하였다.

오후 반나절은 임제 스님을 모신 법유당에서 임제록(臨濟錄)을 펴 놓고 지냈다. 임제 스님 도량에서 임제록을 읽는 것은 그 현장감을 맛보기 위해서였다.

저녁에는 방장실에서 방장 스님께 그 동안 쌓인 여독이 충분히 풀릴 만큼 따뜻한 대접을 받았다. 마치 할아버지가 손자의 손목을 잡고 옛 이야기를 들려주시는 듯한 모습이다. 83세 고령의 깡마른 손길 뼈 마디마디에 뜨거운 정이 배어 있음을 느꼈다.

反問問自心
心成無尙道

안으로 돌이켜 마음에게 묻고 또 물어라.
그 마음이 더할 나위없는 도를 이룬다.

　이런 법문을 친히 나그네에게 써서 내려주시고 노자를 한움큼 건네 주셨다. 중국 스님의 한 달 보시금이 일률적으로 60원(元 : 12,000원 정도)인 것을 생각하면 거의 10배에 가까운 것이다. 당신의 이 주머니 저 주머니를 다 털고, 나중에는 시자를 시켜서 다시 더 가져오게 하는 등으로 노자를 챙겨 주시는 데에 할아버지와 같은 느낌이 들 정도였다. 처음 뵙는 방장 스님이신데도 아주 어렸을 때부터 모신 듯한 친밀함이 느껴져서 지금도 뚜렷하게 기억이 난다. 방장 스님은 이국 나그네의 어려움을 십분 이해하시는 듯 하였다.
　"이번 여름철에는 한 번 와서 쉬었다 가거라."
　이 말씀을 방장 스님께 들으면서 임제 스님의 사리탑 주위를 돌아 객실에 들어섰을 때는 이미 밤이 늦은 시간이었다. 밤 하늘에는 별이 총총히 빛나고 있었다. 그날 밤에는 모두가 나를 위해서 마련된 것인 양, 그런 착각에 빠져들 정도로 기분이 몹시 들떠 있었다.
　다음은 사찰에서 마련한 안내문을 정리해 옮겨 본 것이다.

　정정현(正定縣) 마을 한가운데에 위치한 임제사는 선종(禪宗)

가운데서 가장 융성한 임제종의 발상지로, 임제 의현(臨濟義玄) 선사의 조정(祖庭)입니다.

지금으로부터 약 1,400년 전의 일입니다. 540년(東魏 興和 2年)에 당시 진주(鎭州) 마을 호타 강변 북켠 임제촌에 처음 세워졌을 때 절 이름은 임제원(臨濟院)이었습니다.

임제 스님이 남방 황벽산에서 깨달음을 얻어 자신의 '무위진인(無位眞人)'의 행화(行化) 도량으로 석장(錫杖)을 내린 때는 50세 무렵인 854년(唐 大中 8年). 당시 주지는 사숙님이 되는 임제원 보화(普化) 선사였다. 보화 선사는 눈 푸른 납자 임제 스님의 수행력을 높이 평가하고 자신은 뒷방 노장으로 물러나 임제 스님에게 도움 주는 일이라면 무슨 일이나 서슴치 않고 앞장 서 나섰다.

이리하여 단도직입(單刀直入)적인 선봉(禪鋒)으로 학인을 깨우쳐주는 할방(喝棒)의 한 가풍이 열려, 당시 참학하러 온 사부대중은 구

❶ 동네 한가운데에 우뚝 선 임제 스님 사리탑.
   탑 주위에는 대웅보전과 조사전, 요사채가 있고
   절 뒤켠에는 지금 거대한 불사가 시작되고 있다.

름같이 많았다고 한다.

　지금의 임제사는 860년(唐 咸通 元年)에 장군인 태위(太尉) 묵군화(墨君和) 거사가 자기가 살고 있던 성 안의 집을 보시하여 절로 만들고 '임제(臨濟)'란 편액을 단 데서 연유한다. 임제 스님이 이 곳으로 옮겨와서 교화를 펴다가 입적한 때는 867년 4월 10일. 선방에서 정진하는 자세 그 모습대로 의연히 앉아 마지막까지 옷매무새에 흐트러짐이 조금도 없었다.

　다비식을 마치고 사리(舍利)를 거두어 도량 내에 탑을 세웠으니 이름하여 '혜조 선사 징령탑(惠照 禪師 澄靈塔)'. 법문집으로는 진주 임제 혜조 선사 어록(鎭州 臨濟 惠照 禪師 語錄)이 있다.

　임제사는 그 이후로 임제종의 근본 조정(祖庭)으로 정법안장(正法眼藏) 법맥이 이어져 내려와 현재 방장 겸 주지인 유명(有明) 선사는 불조 이후 제79대손이다.

　근래에는 일본의 임제종과 황벽종 양종 스님들의 적극적인 후원 아래 징령탑과 관음전, 조사전 등이 중건 중수되었다.

　이제 160여 평의 이층 대웅보전 건립 불사 윗층 장경루(藏經樓)가 국내외 불자들의 성원으로 회향을 눈앞에 두고 있다.

　원컨대, 부처님의 자비와 지혜의 광명이 온 누리에 비추고, 법륜(法輪)이 상전(常轉)하며, 사바 세계가 불국토를 이루어, 이웃이 허망한 꿈 속에서 깨어나 자유로운 삶을 누려지이다.

　선(禪)도량이지만 불사의 원만한 회향을 위해 사부대중 전원이 동참하여 매일 6시간 올리는 관음 기도는 퍽 인상적이다. 기도 중에 능엄주와 이산 선사 발원문이 꼭 들어 있다. 관세음보살 정근 시간에는 법당 안에서 부처님을 중심으로 시계 바늘이 도는 방향으로 돈다.

천도재(薦度齋)는 '몽산시식(蒙山施食)'이다. 예불과 기도, 정진하는 의식이 각 나라마다 문화 차이에 따라 다르듯이 이 천도재 의식 역시 우리네와는 다르다.

한 가지 관심을 가지고 본 소감이 있다. 지객(知客) 스님 역할이 대단히 활발하다는 점이다. 천도재 의식을 시작하여 마칠 때까지 천도재 재자들 옆에 가까이 서서 의식에 서툰 이들을 유심히 지켜보고 하나하나 예법을 이끌어 나간다. 말하자면 지객 스님이 인례(引禮)의 역할을 제대로 해서 재자들을 편안케 해주는 것이다.

병자(病者)를 위한 구병(救病)시식 역시 신심(信心)이 우러나게 잘 한다. 법회에 동참한 사부대중이 한 범성(梵聲)으로 우렁차게 간절히 모시는 천도재와 구병시식은 참으로 감동적이다. 대중의 힘으로 정진하는 힘을 얻고 대중이 정진한 힘으로 천도재와 구병시식이 원만히 회향(回向)된다는 데에는 의심할 나위가 없다.

요즘 우리 곁에 나타나시는 임제 스님

　사진 몇 장이 있다. 이 사진들은 아마 반신반의(半信半疑)하는 사바 세계 중생을 교화하기 위한 하나의 방편(方便)인지도 모른다.
　첫번째는 임제 스님 사진이다. 이 사진을 찍은 날짜는 사진 모퉁이에 함께 찍혀 있다. 1991년 5월 26일 낮 시간이다. 임제사 경내 한가운데 임제 스님 사리탑을 배경으로 어느 참배자가 찍은 기념 사진에 함께 찍혀 나온 것이다. 탑 앞에 선 이가 참배자이고 탑 윗편에 있는 이가 임제 스님이다.
　임제사에서 하룻밤을 묵고 있을 때였다. 이 사진을 건네 준 스님이 감격에 겨워 말했다.
　"기적입니다. 이런 성스러운 일은 믿어 의심치 않습니다. 아미타불."
　이 사진을 보는 이들도 한결같이 기적을 찬탄해 마지 않는다. 정말 있을 법한 일이다. 수시로 우리 곁에 나타나실 수 있는 임제 스님은 대단하다고나 할까.

또 다른 사진이 있다.

'1993년 6월 18일 오대산 금각사(金閣寺) 상공에 현성(現聖)한 관세음보살' 이라는 사진 설명이 있다. 전체 분위기랄까, 관세음보살의 풍채는 영락없이 중국 한 낭자의 단정한 모습이다. 이 사진을 구한 곳은 조주(趙州) 관음원이다.

나그네는 이 사진을 보면서 용(龍)을 생각하였다. 용의 실재(實在)를 의심하기보다 용의 가치를 높이사는 중국 사람이다. 이 힘이 독특한 중국 문화를 이

❶ 때는 1991년 5월 26일, 사리탑을 배경으로 한 참배자가 사진촬영을 하였을 때 임제 스님의 모습(?)이 함께 찍혀나와 화제가 되었다.(오른쪽 상단 흰부분)

뤄내지 않았나 싶다. 용은 중국 사람의 창의력이 아니면 불가능한데 여기에 '화룡점정(畵龍點睛)'이라는 고사성어(故事成語)까지 나와 있다.

옛날 어느 마을에서 있었던 이야기이다. 한 화가가 살고 있었는데 그는 아주 뛰어난 그림 솜씨로 가히 '대가(大家)'로 불리었다. 어느 날 그가 담벽 위에 네 마리의 용을 그렸는데 보는 이마다

찬사를 아끼지 않았다.

"꼭 살아 움직이는 용과 같아!"

그런데 이 용에는 한 군데 미완성인 게 흠이라면 흠이었다. 용의 눈에는 눈동자가 그려져 있지 않았기 때문이다.

"이상한 용입니다. 왜 당신은 용의 눈에 눈동자를 찍지 않았습니까?"

여러 차례 질문을 받고 화가는 입을 열었다.

"눈동자가 없는 용이 이상하다고요? 만일에 용의 눈동자가 찍히는 날에는 일이 벌어질 터인데요. 용의 눈동자가 찍히는 순간 용은 하늘로 날아가 버린다니까요."

"하하하!"

"호호호!"

주위 사람들은 박장대소하며 그에게 용의 눈동자를 어서 그려 넣으라고 재촉하였다. 화가는 마지못해 붓을 잡고 담벽 앞에 섰다. 그리하여 두 마리의 용 눈 위에 눈동자를 그려 넣었다.

이 때였다. 갑자기 하늘이 시커멓게 흐려졌다. 난데없이 천둥 번개가 잇달아 치기 시작하였다. 사람들은 이 가운데서 똑똑히 지켜보았다.

"저어기, 저 용이 승천(昇天)하지 않아?"

눈동자가 찍힌 두 마리의 용이 하늘 높이 올라가는 모습이 역력히 보였다.

천둥 번개가 그친 뒤였다. 사람들은 담벽 위 용 그림 네 마리 가운데서 눈동자가 찍히지 않은 두 마리의 용만 남아 있는 걸 발견했다.

　화룡점정(畵龍點睛)은 일의 핵심을 이야기할 때에 인용되는 말이다. 이와 같이 용의 본래 모습을 본 이는 없고 단지 꿈에 본 이가 있을 뿐이지만, 용에 얽힌 이야기며 용의 모양이 황제의 표상으로 사용된다든지 하여 용은 생활에서 뗄래야 뗄 수 없을 정도로 가치가 높다. 그 이유를 첫번째로 들자면, 사람들 사이에 심어진 신심(信心)의 탓이다.
　우리 선종사(禪宗史)에도 '용의 모습'과 같은 부분이 있어 끊임없이 문제로 제기되고 있다. 선종사 서두(序頭)부터 허구성(虛構性)으로 여러 논문에서 신랄하게 다룬다. 현대인에게는 어디까지나 과학적 실증이 필요하기 때문이다.
　한편으로, 선종사 허구성 문제와 관련없이 선(禪)이 우리 정신세계에 미치는 영향은 대단히 커서 하나의 핵폭탄과 같이 강력하다고나 할까. 선은 미래에 인류를 구원(救援)할 '하나의 밧줄'로서 높이 떠오른다.
　여기에는 현대 문명이 걸어온 발자취가 지나치게 찰나적 쾌락에 빠져있다는 데에서 그 이유를 찾아 볼 수가 있다. 현대 문명의 길은 한 마디로 '죽음의 길'이다. 찬란한 문명의 그늘 뒤에는 오히려 정신 세계가 죽어가고 있었다.
　만일 현대 문명을 누리고 있는 이들이 선(禪)을 수용한다면, 용이 눈동자를 얻는 가치에 비유할 만하다. 따로 승천(昇天)하는 번거로움을 빌지 않고서도 제가 선 그 자리에서 그대로 '안심입명

❂ 오대산 상공에서 찍었다는 관세음보살 사진.

처(安心立命處)'를 얻을 수가 있기 때문이다. 이 법문은 임제 스님이 이미 갈파하신 바가 있다.

세번째는 '사바세계 생불(生佛)' 영제(靈濟) 보살의 사진이다. 그녀는 티벳불교 밀교에 심취되어 청정한 수행으로 곧 '사바세계 생불'로 모셔지고 있다. 머리는 삭발하지 않아서 재가자의 모습, 어쩌면 관세음보살의 머리형이며, 복장은 약간 변형한 황색 가사를 입고 있다. 재가자가 무조(無條) 가사를 입는 건 탓할 게 아니니깐. 절 안에서도 높이 받들어져 '수행력이 높은 이'로 존경받는다. 물론 사부대중 앞에서 법문도 한다.

이 영제 보살 같은 이가 중국에는 몇 사람 정도 더 있다고 한다. '사바생불', 혹은 '활불(活佛)'이라고 하여 출가·재가를 구분하지 않으니, 참 좋은 일이다. 좋은 일이라면 발 벗고 나서서 높여주는 풍토가 부럽다. 스님이 아니더라도 수행력이 높은 이는 예로부터 대접을 받았다. 영제 보살도 훌륭하지만 이를 믿고 받들어 모시는 사부대중은 더 훌륭하다고나 할까. 잘난 이를 우러러 모실 줄 아는 대중이야말로 그대로가 뛰어난 정신 세계의 배경이 아닐까 헤아려진다.

끝으로, 사진을 빌지 않아도 분명하게 우리는 불조(佛祖)와 항상 함께 있다는 옛시 한 구절을 옮겨 본다.

   夜夜 抱佛眠
   朝朝 還共起
   欲識 佛去處
   語默 動靜止
   밤마다 부처를 안고 자고
   아침마다 함께 일어나네
   부처가 간 곳을 알고자 하는가
   어묵동정하는 그 마음자리인 것을.

  입으로만 선을 말하고 선(禪) 수행을 하지 않는다면 모르거니와 만약 선 수행을 한다면 말하는 그 마음자리를 살펴볼 것이다. 침묵하면서 선 수행을 하지 않는다면 모르거니와 만약 선 수행을 한다면 침묵하는 그 마음자리를 살펴볼 것이다. 움직이면서 선 수행을 하지 않는다면 모르거니와 만약 선 수행을 한다면 움직이는 그 마음자리를 살펴볼 것이다. 가만히 있으면서 선 수행을 하지 않는다면 모르거니와 만약 선 수행을 한다면 가만히 있는 그 마음자리를 살펴볼 일이다.

  여기에 불조(佛祖)가 걸었던 옛길이 확연히 트여서 항상 불조와 함께 있을 터이다. 이와 같이 선 수행을 하지 않는다면 모르거니와 만약 선 수행을 한다면 안으로 시선을 돌려서 고요하게 자기 마음자리를 살피고 볼 일이다.

오대산 문수성지(文殊聖地)

차를 타고 하루 반나절이 지나 드디어 문수보살의 성지에 닿아 여장을 풀었다. 산중 한랭한 공기가 폐 깊숙이 와 닿았다. 호흡이 새롭다. 오대산(五台山)을 달리 청량산(淸凉山)이라고 부르는 이유를 알 만하다.

성지성산(聖地聖山)이란 어떤 곳을 말하는 것인지, 오대산을 와 보고 짐작이 간다. 가장 성스러운 산을 꼽는다면 서슴치 않고 오대산을 꼽을 정도이다. 산 형세가 부처님께서 법화경을 설하셨던 영축산과 비슷한 느낌이 들었던지 마등 스님과 축법란 스님이 처음 지은 절 이름은 대부 영축사(大孚靈鷲寺). 지금은 현통사(顯通寺)이다.

낙양 백마사(白馬寺)와 함께 중국에 불교가 최초로 들어왔을 때(서기 68년) 창건된 가장 오래된 절의 하나. 멀리 외관상으로 보면 티벳절 같아 보인다. 그것은 대백탑(大白塔) 모양 때문에 그런 것이다. 지금은 현통사에서 대백탑 쪽이 탑원사(塔院寺)로 독립되어 떨어져 나가 티벳 스님과 내몽고 스님들이 머물고 있다.

탑원사는 현통사와 나란히 오대산 성지 중심부를 이루는 상징적인 사찰이다.

이렇게 보면, 현통사의 최초 창건주는 인도 스님인데, 불교 사대 명산 개산이 각 나라별로 분류된다.

- 인도 스님 개산 : 오대산 문수성지
- 한국 스님 개산 : 구화산 지장성지
- 일본 스님 개산 : 보타산 관음성지
- 중국 스님 개산 : 아미산 보현성지

오대산의 오대(五台)는 북대(北台)의 가장 높은 3,061m 고지에 영응사(靈應寺)가 있고, 동대(東台) 망해사(望海寺), 서대(西台) 법뢰사(法雷寺), 중대(中台) 연교사(演敎寺), 남대(南台) 보제사(普濟寺) 등이 2,000m 이상의 고지에 있다. 이 오대를 중심으로 산골짜기마다 절이 들어서 있어 가히 불국토를 이루고 있다. 과거 번성기에는 360여 사원이 있었다는데 지금은 50여 사원이 남아 있다.

◐ 울력복으로 갈아입고 절 담장 페인트를 직접 칠하고 있는 오대산 스님들. 이 모습을 지켜본 한 한국 스님 왈, "우리도 배가 고파야 이런 일을 합니다." 한다.

역대 순례자라면 누구나가 참배하였던 유서 깊은 오대산. 신라 시대 도당 구법승 가운데 자장 율사 역시 오대산을 참배하면서 큰 감흥을 받았던 곳이며, 한국 · 일본 가릴 것 없이 당대의 구법 승들은 오대산을 거쳐 가지 않은 이가 없었다고 하니 참으로 감개가 무량한 곳이다.

오대산을 참배하면서 두어 군데 눈 여겨 본 바를 적어둔다.

첫째는 순치(順治) 화상이 출가해서 지낸 토굴이다. 보통은 순치 황제 출가 시(順治 皇帝 出家 詩)로 잘 알려져 있다.

오대산 가운데를 뚫고 흐르는 계곡물은 시원하다 못해 이가 덜덜 떨릴 정도로 차가워서 목욕을 오래 하기가 어렵다. 목욕 후 순치 화상 토굴 선재동(善財洞)을 참배하였다. 언제 읽어도 순치 황제 출가 시는 초발심(初發心)을 일깨워 준다. 선재동은 맑은 계곡

○ 한 절 객당에 걸린, 힘이 넘치는 부처 불(佛)자.

물이 흐르는 작은 다리를 지나 1,080계단 대지로(大智路)의 중간 쯤에 자리하고 있다. 오대산 절 동네가 한눈에 굽어 보이는 멋진 곳이다.

"오대산에 와서 대라정(黛螺頂)에 오르지 않으면 오대산에 와 보지 않은 것과 같다."

이런 속어가 있는데, 대라정은 선재동을 지나 1,080계단이 끝나는 곳에 있다.

순치 화상의 출가 인연이 있는 선재동에는 그의 출가 이야기가 적혀 있다.

"청조(淸朝) 순치 황제는 만주족 출신으로 애틋하게 사랑했던 왕비가 죽자 비통한 슬픔을 안고 출가를 결심하였다. 삶의 의욕을 잃은 그는 궁전을 떠나 천리 길을 걸어서 오대산에 출가를 하였다.

이곳 선재동에서 순치 화상은 자신을 드러내지 않고 끝내 일생을 수도 은거(隱居) 생활로 마쳤다. 선재동에서 그가 지은 전문 280자의 출가 게송이 있다. 방점 하나 없이 깨끗한 문장으로, 세속의 영욕(榮辱)을 관조하는 눈으로 보는 도풍(道風)의 힘이 느껴진다."

현재 선재동은 티벳 절 계통에 속하는 아담한 삼간 토굴이다.
선재동 바로 가까이에 서 있는 다섯 그루의 노송은 '다섯 문수'라고 부른다.
둘째는 스님네의 근면한 일상 생활 모습이다. 모두 울력복으로 갈아 입고 절 담장을 페인트칠하는 모습을 목격하고 깊은 감명을 받았다. 자기 자신의 키보다 더 큰 글씨 '장엄국토(莊嚴國土)'를 쓰는 스님네는 사다리 위로 올라서서 일을 한다. 여름 무더위에도 장엄국토를 이루려는 간절한 원이 스님들에게 심어져 있다.
중국 곳곳의 큰 불교 행사에서 오대산의 벽산사(碧山寺) 방장 스님이 법주(法主)로서 활동하는 상황을 지켜보고 오대산이 중국 불교의 중심지인 줄을 짐작하고 있었는데, 이제 보니 큰스님네의 가르침을 받고 있는 대중 스님네 역시 소문 그대로 근면하고 신심이 깊다는 점을 알았다.

숙박 시설

어느 관광 사찰과 마찬가지로 절에서나 불교협회에서는 나그네 참배객을 위해 객당(客堂)을 운영하고 있다. 대개 대웅보전 오른쪽에 객당이 있는데, 지객(知客) 스님이 나그네들을 맞이한다.

스님의 경우에는 신분증과 수계할 때 받은 계첩(戒牒) 등을 우선 내보여서 '진짜 스님'임을 스스로 증명하도록 규정하고 있다. 나그네는 어느 해에 산중에서 찍은 여름 결제 사진을 한 장 가지고 다니면서 내보인다. 여러 대중 스님 가운데에 끼어 있는 자신

◐ 순치 황제가 출가하여 일생 동안 머물렀던 토굴 선재동.

을 가리켜 보이며 증명하는 데 많은 말이 필요없다.

1966년부터 1976년 사이의 대법난(大法難)에 해당하는 '문화대혁명' 기간중, 혹은 그 이전 스님의 경우에는 계첩(戒牒)이 없기 때문에 상세하게 출가 득도 사찰, 은사, 계사, 도반 등을 증명하지 않으면 안 된다. 객당에 머물 수 있는 기간은 사흘 밤.

혹, 해당 사찰에 오래 머물고자 할 때에는 시험 기간(보타산의 경우는 1년)을 두고 그 스님의 수행 정도를 지켜보는 규칙이 있다.

이런 점에서도 한국 절은 극락이다. 일본 절과 중국 절에 나그네로 머물렀을 때 수건 한 장을 대중 공양으로 나눠 주는 경우를 당하였는데 그때 객승을 본방 대중과 차별해서 수건을 주지 않았다. 대중에게 순서대로 나눠 주다가 객승은 빼버리는 게 상례이다. 또 재(齋)에 동참하였을 때에도 마찬가지이다. 2~5원(元 : 300원~1,000원 정도)의 공양금이 나눠지는데 여기서도 제외된다.

우리 한국 사찰처럼 본방 대중과 객승을 평등하게 취급하고, 그 위에 운수납자를 위해 노자까지 챙겨주는 미풍은 그 어느 나라에서도 찾아 볼 수가 없다.

교통편

북경과 석가장, 태원에서 오대산으로 다니는 직행버스가 매일 있다.

대혜 종고(大慧宗杲) 스님의 도량
― 경산 만수선사(經山 萬壽禪寺) ―

새로 구한 《서장(書狀)》은 책 제목이 《대혜고서독(大慧杲書牘)》으로 분량이 우리 나라 《서장》보다 절반 정도 더 많다.

선종 행문(禪宗行門)의 세 가지 책으로 《육조단경(六祖壇經)》, 《원오심요(圓悟心要)》와 《대혜고서독(大慧杲書牘)》을 꼽는다. 이 책들은 선종의 해문(解門)이 아니고 심오한 선종의 행문(行門)에서 이 몸이 고귀하게 전신(轉身)하여 번뇌를 끊고 생사를 뛰어넘어 안심입명처(安心立命處)에 들기까지의 안내서로서, 미사여구(美辭麗句)는 아예 없애고 줄기와 뼈대만 내보인 책이다.

상·하 142편으로 이뤄진 《원심법요》는 종고 스님의 스승 원오(圓悟) 선사의 법문 편지이고, 82편으로 이뤄진 《대혜고서독》은 종고 스님의 법문 편지이다. 근세 경봉(鏡峰) 선사의 일상 편지글이 책으로 엮어져서 발간된 예가 있다. 그럼, 어떻게 이렇게 많은 분량의 편지가 모아져서 책으로 엮어질 수가 있었을까.

옛 스님은 편지를 쓸 때에 똑같은 내용으로 두 장을 써서 한 장은 보관해 두고 한 장만 보냈던 까닭에 이런 일이 가능한 것이다.

부지런도 하시지, 요즘 편지 한 장을 쓰는 일도 귀찮은 세상인데 참으로 존경스런 점이 한두 가지가 아니다.

《대혜고서독》이, 종고 스님이 백의(白衣)로 열 다섯 해 동안 보낸 남악(南岳) 형산(衡山) 아래 형주(衡州) 유배지에서 많은 분량이 이뤄진 것을 생각하면 가슴이 저려온다. 참으로 값진 책으로 소의경전(所依經典) 가운데서 선서(禪書) 교과서격인 종고 스님의 편지글이 요즘도 읽히고 있다. 선(禪)은 전쟁터와 유배지와 육조 스님의 경우 피신처(避身處)같은 험난한 곳이 좋은 터전이다. 때문에 무문관(無門關)이나 사관(死關)이라고 하는 '죽음의 문'을 내걸고 종신수행(終身修行)을 필요로 한 것이다.

유배지와 피신처 같은 곳에서만 가질 수 있는, 자기 자신을 보다 더 잘 바라볼 수 있는 환경은 시대가 달라질수록 더 많아지고 있고, 고독한 동안 우리는 더 진지해질 수가 있기 때문에……

◐ 대혜 스님의 체취가 배인 경산사의 새로 단장한 모습. 이층 대웅보전 전경.

이런 생각을 하면서 항주(杭州)에서 여항(余杭)으로 가는 버스에 몸을 싣고 달렸다. 경산만수 선사가 과거에 사셨던 절이라는 기록을 들춰보고 이번 걸음이 헛되지 않나 하는 의구심이 일었다. 창 밖은 여름 장마비가 오락가락하는 날씨.

옛날 선종(禪宗) 오산 십찰(五山十刹) 가운데 으뜸인 경산만수 선사는 북천목산(北天目山)으로도 불리는 경산(經山: 769m)에 자리하고 있다. '천목산(天目山)으로 가는 지름길'이라는 뜻으로 경산(經山)이란 이름이 나왔다. 행정구역은 절강성 여항시 장락현(浙江省 余抗市 長樂縣). 경산만수 선사는 줄여서 보통 경산사라고 부른다. 경산사에 관한 일본 문헌에서는, 우리 나라 스님으로서는 요연법명(了然法明) 스님이 무준사범(無准師範) 회상에서 20여 명 사법(嗣法) 제자 가운데 한 사람으로 기록되어 있다.

항주에서 54km 밖에 떨어져 있지 않은 경산사를 꼬박 하루 반 나절이 지나서야 참배하였다. 길이 나빠서가 아니라 정보 자료가 불충분한 탓이다. 덕분에 초대소(招待所)란 최하급 허술한 국영 숙박소에서 유배지 같은 데서나 느낄 수 있는 '아주 간단하고 조촐한' 분위기에서 하룻밤을 새웠다.

새벽에 첫 버스에 올라 경산사에 닿은 때는 오전 9시 무렵. 작년 5월에 복원불사를 회향한 경산사는 차밭과 대숲 속에 의연히 서 있다. 이 지방 3대 특산물은 녹차, 죽순, 샘물이다. 생각 같아서는 종고 스님을 생각하고 젖은 땅 위에서 가사 장삼을 수한 채 삼배고 구배고 절을 올리고 싶은 심정이었다.

조사전(祖師殿)에 모셔진 대혜 스님의 위패 '만수당 상중홍 대혜종고선사지위(萬壽堂上中興大慧宗杲禪師之位)' 앞에서 예를 올리고 경내를 돌아 보았다.

　산문(山門), 천왕전(天王殿), 대웅보전(大雄寶殿), 조사전(祖師殿)과 주위 행랑 담장은 깨끗이 정비되어 있고, 객당(客堂)과 선원(禪院)은 아직도 짓고 있는 중이다. 대중 스님은 다섯이고 방장(方丈)은 선방 수좌로 정강(定康) 화상. 중국이나 일본에서는 보통 선사(禪寺)의 경우 주지 겸 방장이기 때문에 우리 나라 사대총림(四大叢林)의 방장과는 격이 사뭇 다르다. 그냥 주지인데 이름이 방장일 따름이다.

　종고 스님이 경산사에서 주석하신 기간은 줄잡아서 십 년. 유배지로 떠나기 전 마흔 아홉 살에 주지가 되어 네 다섯 해, 광동성(廣東省) 매주시(梅州市) 서암사(西岩寺) 유배지에서 풀려나와 아육왕사(阿育王寺) 주지를 한 해 살고 일흔 살 때 다시 경산사 주지가 되어 서너 해 살다가 명월당(明月堂)에서 입적하시기까지 경산사 뒷방 노장으로 두 해를 더 보냈다.

　다음은 경산사에서 구한 문헌을 토대로 엮은 종고 스님의 일대사(一大事) 인연이다.

　대혜 종고(大慧宗杲: 1089~1163, 75세) 스님은 1089년 11월 10일에 안휘성(安徽省) 선주시(宣州市 : 宣城) 영국현(寧國縣)에서 태어났다. 사호(賜號)가 불일(佛日), 속성(俗姓)은 해(奚)씨, 16세에 출가(出家)하여 17세에 계를 받고 스님이 되었다. 운문문언(雲門文偃) 선사 어록(語錄)을 처음 읽는 데도 이미 배웠던 사람처럼 진보가 놀라우리 만큼 빨랐다. 사방을 운수 행각하던 중 조동종 선문(禪門)에 들어가 공부할 기회를 가졌다. 희한하게도, 후일 조동종 묵조선(默照禪)을 공격하는 야전사령관격이 된 종고 스님의 행적을 살펴보면 이 과정이 기인(奇因)이다.

강서성(江西省) 의춘시(宜春市) 정안현(靖安縣) 보봉사(寶峰寺)에 머물며 임제종 황룡파 3세(黃龍派三世) 담당문준(湛堂文准) 스님께 가르침을 받을 때였다. 문준(文准) 스님은 입도(入道)의 첩경(捷徑)을 지시하였다. 문준(文准) 스님은 입적하기 전에 종고 스님에게 양기파(楊技派) 사세(四世)의 종장(宗匠) 원오극근(圓悟克勤) 선사를 스승으로 삼으라고 하였다.

문준 스님이 입적한 후, 종고 스님이 승상 장상영(張商英) 거사에게 문준 스님의 탑명(塔銘)을 써 달라는 부탁을 하러 갔을 때의 일이다. 장상영 거사는 이미 거사(居士) 문정(門庭)이 고귀한 이였다.

장상영 거사는 한 번 보고 말을 한 번 떼어보고 곧 종고 스님을 큰 공부인(工夫人)으로 신망(信望)하게 되었다. 종고 스님의 호를 위에 건의, 묘희(妙喜)로 하였고 거처를 묘희암이라 이름하였으며, 종고 스님이 어서 원오 선사 법기를

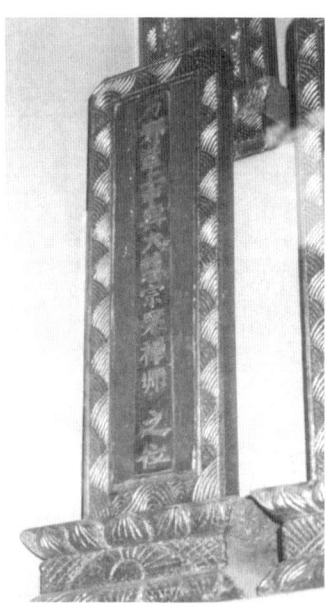

❂ 조사전에 모셔진 대혜종고 스님의 위패.
'萬壽堂 上中興 大慧宗杲 禪師之位'

재촉하였다.

　원오 선사가 하남성(河南省) 개봉시(開封市) 천녕만수사(天寧萬壽寺)에 주석하고 있을 때였다.

　종고 스님은 천녕 만수사에서 원오 선사를 뵙고 깨달음에 이르렀는데 스님의 나이 37세였다.

　천녕사에서 원오 선사를 처음 친견한 때는 1125년 2월말~3월초의 일이다. 이로부터 42일이 경과한 5월 13일 법회날이었다. 원오 선사가 법좌에 올라 청법 대중을 돌아보고 입을 열었다.

　한 스님이 운문 선사께 이렇게 여쭈었다.
　"어떤 곳이 제불(諸佛)의 출신처(出身處)입니까?"
　운문 선사가 말씀하셨다.
　"동산이 물 위로 가느니라〔東山水上行〕."
　그러나 천녕(天寧 : 圓悟 자신을 가리킴)은 그렇게 말하지 않는다.
　'훈훈한 바람이 남에서 옴에, 전각이 서늘한 기운을 낸다〔薰風自南來 殿閣生微凉〕.' 하리라.

　이 때였다. 종고 스님이 '훈훈한 바람이 남에서 옴에, 전각이 서늘한 기운을 낸다.' 법문을 듣는 순간, 홀연 시간의 앞뒤가 끊어짐을 느꼈다.

　법회가 끝난 뒤였다. 원오 선사는 종고 스님이 밥을 먹을 때 선정삼매로 젓가락을 들고 밥을 먹는지 모른 채 한참 동안 가만히 있는 모습 등, 종고 스님의 전후 사정을 직감하고 곧 한적한 택목당(擇木堂)으로 정진처(精進處)를 정해 주고는 일체 소임을 놓게 하였다. 그야말로 전심전력으로 보임(保任)케 하기 위함이었다.

11월 어느 날이다. 종고 스님은 원오 선사 방에 들어가서, 그 이전에 들은 바 있는 이야기 가운데서 궁금한 점을 털어 놓았다. 그것은 한 스님이 원오 선사 방에 와서, "말과 침묵〔有句無句〕은 마치 등나무 덩쿨이 나무를 감고 의지해 있는 것과 같다〔如藤倚樹〕는 법문을 스님께서 오조(五祖) 선사와 나누었다고 알고 있는데 그 당시 나눈 한 말씀을 들려 주십시오"라고 한 이야기이다.

"스님, 스님께서는 당시 오조(五祖) 선사 곁에서 그 이야기를 들어 알고 계시지요? 무슨 말씀이 계셨습니까?"

종고 스님의 질문에 원오 선사는 조용히 웃을 뿐 긴 침묵.

종고 스님이 다시 말했다.

"스님, 스님께서는 이미 대중에게 물으셨는데 지금 말씀하신들 무슨 허물이 있겠습니까?"

원오 선사는 마지못해 입을 열었다.

"내가 오조(五祖)께, '말과 침묵〔有句無句〕은 마치 등나무 덩쿨이 나무를 감고 의지해 있는 것과 같다〔如藤倚樹〕는 법문은 무슨 뜻입니까?' 하고 여쭈었더니, 그 때 오조께서 이런 말씀을 하셨지. '본딸래야 본딸 수 없고, 그릴래야 그릴 수가 없다〔描也描不就畵也畵不就〕.'"

종고 스님이 갑자기 눈빛을 번쩍이며 말했다.

"스님, 나무가 넘어가 자빠지고 등나무 덩쿨이 바짝 말랐을 때면 어떻습니까?"

"서로가 한 동아리가 되어 따라 오는 거여[相隨來也]!"

원오 선사의 이 말씀을 듣고 종고 스님은 언하(言下)에 대오(大悟)하였다.

오늘날 선종의 큰 줄기를 '임제종 대혜파(臨濟宗大慧派)'라고 하는 데에는 이유가 있다. 선종 다섯 가운데서 임제종이 으뜸이고, 화두선(話頭禪) 제창자로서 대혜 종고 스님이 뛰어났기 때문이다.

◐ 새로 단장한 경산사 입구

유배지에서 백의(白衣)로 정진한 종고(宗杲) 스님

　나그네는 종고 스님의 출생지인 선주(宣州), 전법지인 진여선사(眞如禪寺)와 아육왕사, 경산사, 그리고 종고 스님을 유배지로 보낸 진회(秦檜)가 무릎을 꿇고 앉아 있는 모습의 석상이 놓인 항주 서호변(西湖邊) 악왕묘(岳王廟) 등을 둘러보고 두서너 가지 느낀 점이 있다.

　종고 스님의 대오(大悟)는 스스로 술회하기를,

　"나는 크게 열여덟 번, 작게는 수백 번 깨달았다." 라고 하였다는데, 우리 범부의 깨달음이 얼마나 자기 자신을 속이는 일인지 미루어 짐작할 만하다.

　조계종 종주 보조(普照) 국사는 어록을 통해서 3번, 일본에서 수행력이 아주 뛰어난 백은(白隱) 선사 역시 대오하기를 8번, 소오(小悟)하기는 헤아릴 수 없이 많았다고 하니 최종에 가서야 본지풍광(本地風光)을 드러낸다고나 할까. 하여간 다른 이는 몰라도 종고 스님만은 돈오(頓悟) 한 번으로 그칠 줄 알았는데 그게 아니다.

자료를 정리하면서 새삼스러운 사실들이 눈에 띤다.

첫째는 선사(禪師)란 흔히 고고한 학(鶴)의 자태에 비유되어 정치와는 거리가 멀고 정치인이나 관료들과는 별로 인연이 없지 않나 여겼지만, 이점 역시 종고 스님의 경우는 반대이다. 사대부들이 거사가 되어 참선 공부를 하면서 법을 물으러 왔기 때문에 이를 다 감당하기 어려울 지경이었다. 《서장(書狀)》에서는 마흔 명의 사대부가 등장한다.

종고 스님이 무진(無盡) 거사인 승상 장상영(張相英) 자택에서 머문 기간은 8개월이다. 당시 국가의 존망을 눈 앞에 두고 선사 역시 국민의 한 사람이라는 자각 때문에 선(禪)으로써 사대부를 지도하여 국가의 위기를 극복해 보려는 의지가 강했던 것이 아닌가 싶다.

'비구는 가람을 떠나 속가에서 하룻밤도 자지 않는다' 라는 청량 국사의 신조와는 다르다 하더라도 의외의 일이다. 결국 이 일의 연장선에서 뒷날 뜻하지 아니하게 '항금파(抗金派)'로 몰려 유배를 가게 되는 원인이 될 줄이야! 세속과 자주 오가는 일에는 얻는 것보다 잃는 것이 많다는 본보기라고나 할까.

둘째는 유배 생활 만 15년을 마친 종고 스님의 변화이다. 스님으로 회복된 이후 칼날같이 날카로운 성품은 원숙하여 부드러워졌다. 종고 스님은 조동종 묵조선(默照禪)의 대종장 천동굉지(天童宏智) 선사의 입적(入寂) 추모식에서 장례를 친히 집행하는 여유를 보였다. 그렇게도 비난하였던 묵조선의 문제는 따로 접어두고 묵조선을 주창한 천동굉지 선사의 장례를 집행하였다는 건

◎ 어머니가 아들을 위해 새겨준 문신 '진충보국(盡忠報國)' 네 글자. 억울하게 사형당한 후 그의 등 뒤에서 이런 문신이 나와 보는 이의 가슴을 뭉클하게 하였다.

큰 미담(美談)이다.

그 외에 불교, 유교 등 종교의 벽을 두지 않고 초탈하여 뛰어넘어서 큰 보시를 하였다. 종고 스님은 공자묘(孔子廟)를 짓는 공사에서 자금이 딸려 중단하고 있다는 소식을 듣고 곧 20만 전(錢)을 보냈다.

셋째는 종고 스님의 어록이 20권, 종고 스님의 스승 원오 선사의 어록이 30권이라는 사실이다.

선종(禪宗)을 정의 내리되, 교외별전(敎外別傳) 불립문자(不立文字) 직지인심(直指人心) 견성성불(見性成佛)이라고 하여, 문자 언어를 내세우기 이전에 깨닫고, 마음에서 마음으로 전하는 가풍이라고 말하는데 교종, 율종, 염불종 등 다른 종파보다 전적(典籍)이 두드러지게 많은 것도 하나의 재미있는 현상이다. 선사들의 방대한 어록은 오늘날 중국 문화의 보고(寶庫)로, 귀중한 자료이다.

다음은 종고 스님의 유배길의 빌미가 된 '신비궁(神臂弓)' 게송이다.

神臂 弓一發
射破 千重甲 (혹은 透過 千重甲)
子細 拈來看
當甚 臭皮襪
신비스런 팔로 화살을 쏘아
천 겹 갑옷을 뚫었도다
자세히 다가가 보니
썩어서 냄새 풍기는 가죽 양말이구나.

때는 종고 스님의 춘추 53세로 1141년 4월 14일, 행효자(行孝子)로 무구(無垢) 거사인 예부시랑(禮部侍郎) 장구성(張九成)이, 타계한 부친 백재(百齋)를 모신 날이다.

종고 스님은 재(齋) 법문으로 이 게송을 별뜻 없이 읊었다.

이 게송의 본 뜻은, 망상 번뇌를 여의지 않은 범부의 매사는 '썩어서 냄새 풍기는 가죽 양말' 신세를 면치 못한다는 말이다. '신비스러운 팔'로 뚫기 어려운 천 겹 갑옷을 뚫었기로서니, 그건 벌써 결과로는 망상 번뇌의 소산이지 별 게 아니다.

그러나 진회 투항파(投降派) 측에서는 '신비궁'을 논죄의 근거로 삼았다.

이 게송이 조정과 황제를 모독한 글이라고 단정하는 '신비스런 해석'을 내렸다.

'신비궁'의 첫 구절에서 '신비스런 팔'은 항금파를 뜻하고, 넷째 구절에서 '썩어서 냄새를 풍기는 가죽 양말'은 투항파로서 조정과 황제를 뜻한다고 억지 해석하였다. 우유부단한 황제 고종은 간신 진회 일파의 주장에 따라 '신비궁'을 내세워 종고 스님과 장구성을 숙청하기에 이르렀다. 그러나 나라를 팔아 사사로이 영달을 구하였던 진회는 오래지 않아 역사의 죄인으로 오늘날까지 지탄을 받고 있다.

당시 정치 상황을 살펴보면 복잡하다. 금(金)나라 태종(太宗)이 두 황제 휘종(徽宗), 흠종(欽宗)을 포함한 궁중 사람 3,000여 명을 만주로 끌어감으로써 북송이 멸망하였고, 또한 남경(南京)인 임안(臨安)으로 천도하여 남송(南宋) 시대가 열리는 등 큰 혼란기였다.

군부에서는 '민족의 영웅'으로 불리는 악비(岳飛) 장군이 그의 정예 부대 악비군을

● 정의감으로 충만한 악비장군상.

이끌고 금나라에게 크게 저항하였으나 역시 억울한 죽음을 아들과 함께 맞이하였는데, 여기에서도 진회가 직접 모함한 것으로 밝혀졌다.

"문관으로서 돈을 탐내지 않고 무관으로서 죽음을 두려워하지 않는다면 천하는 태평해질 것이다."

"얼어서 죽는다 해도 따뜻한 방을 생각지 않고, 굶어 죽는다 해도 적의 포로로 살아남지 않겠다."

악비의 강인한 군인 정신은, 현재 이름이 밝혀진 부장(部長) 74명, 막료(幕僚) 32명 등 악비군 모두가 철저하게 지켜서 전세는 가히 파죽지세였다.

그런데 어찌하랴. 남송은 금나라와 미리 굴욕적인 화친 조약을

❍ 중국 사람의 현실적인 면을 엿볼 수가 있다. '나쁘다'란 표현대신 눈으로 보이도록 죄인의 모습을 만들어 후세인에게 경종을 울린다. 종고 스님을 유배지로 보낸 진회와 그의 부인 왕씨의 부끄러운 모습. 관람객이 침을 많이 뱉는 곳으로, 안내판에는 〈침을 뱉지 마시오〉란 말이 붙어 있다.

맺어놓고 악비 장군의 부자(父子)를 제물로 삼아 사형을 시켜버렸다. 악비 장군 나이 39세 때의 일이다.

 正邪自古 同氷炭
 毀譽於今 削僞眞
 정의와 삿됨은 옛부터 얼음인가 석탄인가 분간하듯이 하고
 칭찬과 비난은 오늘도 참인가 거짓인가 가려서 하네.

 규모가 큰 악왕묘 사당에는 악비 장군 부자 묘가 있는데 그 앞 돌기둥에 새겨져 있는 말이다. 이 돌기둥 아래 돌계단이 끝나는 곳에는 역사의 죄인 네 명이 꿇어앉아 있다. 진회와 그의 부인 왕(王)씨, 진회의 공모 참모 만사설(萬俟卨)과 장준(張俊) 등이 두 손이 뒤로 묶인 채 눈물을 짓고 있다.
 20년 가까이 영달을 누린 진회가 죽자 장구성이 곧 유배에서 풀려나 승상으로 복직되고, 그 이듬해에 종고 스님도 다시 승복을 입을 수가 있었다.

 生也只麽
 死也只麽
 有偈無偈
 是甚麽熱
 삶도 이대로였고
 죽음도 이대로인데

남길 말이 있느냐 없느냐라니
이 무슨 번거로움이냐.

1163년 8월 10일 새벽 3시 무렵, 종고 스님은 임종게를 청하는 제자들에게 이런 게송을 남기고 경산사 명월당에서 입적하였다. 세속 나이 75세, 승납 58하(夏)이며, 휘호는 보각(普覺), 탑명은 보광(寶光)이다.

허운(虛雲) 스님의 도량, 천하 운거(雲居)

매일 땀내 나는 옷을 입고 옛 사찰을 참배 다닐 때의 일이다. 밤에는 그 옷을 빨아서 입고 하룻밤을 자고 나면 노곤한 몸이 생기를 되찾는다. 사찰을 참배할 때마다 사찰이 부유해지는 게 자랑이 아니라 깨끗한 승가상의 수립에 있다는 걸 확신하고 하산한다.

운거산(雲居山: 926m) 진여선사(眞如禪寺)는 근세 선종 중흥조 허운 스님이 40년 전에 120세로 입적한 곳이다. 대개 방장과 그외 여러 선지식은 허운 스님의 문중 스님들로서, 백장 청규와 같은 건강한 승가상이라는 데에 신뢰가 간다.

"운거산은 살아있는 선풍(禪風)의 한 모범 선원입니다."

한 일본 스님의 귀띔으로 지난 여름에 참배한 게 다행스럽다. 이름 그대로 '구름이 머무는' 높은 산, 외부 세계와 완전히 차단되어 폐쇄된 산문 안에서 스님들이 농사를 짓고 좌선하는 일 외에 달리 하는 일이 없는, 선농쌍수(禪農雙修)로 사는 깨끗한 도량이다.

나그네가 도착하였을 때에 목격한 스님들의 첫인상이다. 밭에 인분을 주고 있다가 밭이랑 밖에 서서 쉬고 있었다. 그들의 옷은 몹시 떨어졌으나 깨끗이 꿰매서 정갈하다는 인상을 받았다. 울력하는 스님네의 얼굴 표정은 참 밝다.

새벽 3시 반에 일어나 5시간 좌선, 5시간 울력을 마치고 저녁 9시에 와선(臥禪)할 때에는 석탄 난로로 간신히 온기가 유지되는 찬 방에서 지낸다. 삼경 이후에는 전기 본선을 차단해서 칠흑같이 어둡다. 칠일 용맹정진을 할 때에는 산중 대중 전원이 동참한다.

다음은 평일 정진 시간표이다.

3시 30분　기상
4시 30분　조과(早課, 아침 예불)
6시　　　 조찬(早餐, 아침 죽)
7시　　　 입선(入禪)
8시　　　 방선(放禪)
8시 30분　논밭으로 나가 울력
11시 30분　점심 공양
12시 30분　입선(入禪)
13시 30분　방선(放禪). 울력
15시 30분　만과(晚課, 저녁 예불)
　　　　　만찬(晚餐, 저녁) 이후 바로 선방으로 들어가 입선.
21시　　　방선(放禪). 와선(臥禪)

선방은 둘이 있다. 노선당(老禪堂)은 대웅보전 왼쪽에 있고 신선당(新禪堂)은 오른쪽에 있다.

최초 창건은 808년에 도용(道容) 선사가 운거산 남쪽 기슭에 토굴을 마련해 지낸 데서 출발한다. 어느 날 내객과 함께 산 위로 올라가서 주위를 돌아보고, '손바닥같이 평평한 땅과 호수같이 큰 연못 주위에 산등성이가 병풍처럼 아늑하게 에워싼 복지(福地)'를 발견하고 절을 창건하였다.

정작 '천하 운거'로 발돋움을 하게 된 때는 그로부터 약 70년이 지난 883년 도응(道膺) 선사가 회상을 크게 연 시대이다. 도응 선사는 조동종 개산조 동산양개(洞山良价) 화상의 법을 이은 묵조선 종장으로 이곳에서 30년 동안 1천5백 대중과 함께 지냈다.

그 후 임제종맥의 원오극근(圓悟克勤) 선사 회상에서는 대혜종고(大慧宗杲) 스님이 수좌로 지낼 당시 5백 대중이 모였다.

근세에 들어와서 1915년에는 1백 대중이 살고 있었다. 그러나 1939년 일본군의 침입으로 옛 가람은 병화로 참혹하리만큼 초토화되었다.

그 후 1953년부터 1959년 사이 6~7년 간 진여 선사는 중국 불교 협회 초대 명예회장인 허운 스님에 의해 복원되었다. 국내외 신심 있는 불자의 보시로

❍ 법구(法具)는 스님이나 신도 모두가 같이 쓰면서 의식을 진행한다.

옛 모습을 되찾아 개원을 보고, 백장청규대로 생활을 꾸려나갔다. 현 방장은 허운 스님의 제자 일성(一誠) 스님이고 대중은 70여 명.

중국 불교사에서 가장 절을 많이 세운 스님으로 동진의 혜원 법사와 당대의 마조 스님을 꼽고 있는데, 그 중에서도 마조 스님을 으뜸으로 쳐서 허운 스님은 마조 스님의 후신으로 모셔진다.

웅장한 규모의 대찰을 복원한 중창불사만도 계족산 호국축성사(護國祝聖寺), 곤명 운서사(雲栖寺), 복주 용천사(湧泉寺), 광동 남화사(南華寺), 유원 대각사(大覺寺), 영수 진여선사(眞如禪寺) 등 여섯이다. 그 외에 크고 작은 불사가 많다.

허운 스님은 선종 5종 가풍을 한손 안에 모조리 거머쥔, 최초로 선종을 통일 천하한 선지식이며, 현재 제방에서는 방장이 된 그

❶ 아침 출근 길에 간단히 요기를 할 수 있는 노상가게. 가난해도 표정만은 아주 밝다.

의 제자들이 선맥을 이어가고 있다.

　허운 스님의 행장 소개는 운문산에서 보시받은 원본《허운 노화상 연보 법휘 증정본(虛雲 老和尙 年譜 法彙 增訂本)》(1997, 修元禪院, 非賣品)을 토대로 정리해 볼 예정이다. 드라마틱한 허운 스님의 구도 행장 소개는 금세기 중국 선지식 제1인자임을 입증하는 데 부족함이 없으리라 믿는다.

　스님의 속가 성은 소(蕭)씨이다. 양무제의 후손으로 난능(蘭陵)으로 부친은 소옥당(蕭玉堂) 거사이며, 모친은 안(顔) 보살이다.
　청(淸)나라 도광(道光) 초년에 부친은 관직에 따라 복건성에 머물렀다. 스님이 태어나기 한두 해 전에는 영춘의 지방 관리 보좌관 좌치(佐治)였다.
　부모 나이 마흔을 넘겼으나 자녀를 두지 못하고 있을 때의 일이다. 모친 안 보살은 성 밖 관음사에 나가 생남 기도를 다녔다.
　이 관음사는 많이 낡아서 허술하고 절 앞 다리 역시 한쪽이 부서져 있었다. 안 보살은 생남 기도와 함께 이 모두가 원만히 고쳐지기를 간절히 발원하였다.
　이 무렵, 침상에서 부모가 똑같은 내용으로 꿈을 꾼 내력이 있다. 청포(靑袍) 자락을 길게 늘어뜨린, 관세음보살 같은 이가 호랑이를 타고 나타나서 훌쩍 침상 위로 뛰어들었다. 깨어나서 부부는 서로 놀라 꿈 이야기를 주고 받고는 더욱 놀랐다. 그 이후로 안 보살은 태기를 느꼈다.
　한 해가 지나서 소 거사는 벼슬 자리가 천주(泉州)로 옮겨져서

○ 운거산 진여선사의 대농장 전경.

이사를 하였다.

1840년 도광 20년 경자년(庚子年) 초가을 무렵이었다.

7월 29일 새벽 인시(寅時)에 스님은 태어났다. 그 전날에는 큰 일이 벌어졌다. 모친 안 보살이 한 핏덩어리를 처음 쏟아놓고는 크게 놀라 이 충격으로 쓰러지고 의식 불명의 상태에 이르고 말았다. 뒤늦게 산파가 찾아와서 핏덩이 속에서 아이를 꺼냈으나 모친은 타계하고 말았다. 가까스로 태어난 사내 아이는 새어머니 왕(王) 보살의 품에서 자랐다.

구름이 머물다 떠난 자리
- 허운 스님의 발심 수행 -

　11살 때(1850년)는 할머니 주(周)씨가 돌아가신 해이다. 돌아가시기 전에 할머니는 손자 허운 스님의 배필을 미리 정해 두어 두 집안과 친분을 두텁게 하였다. 첫째는 전(田)씨 집안 규수이고, 둘째는 담(譚)씨 집안 규수였다. 신랑 한 사람에 신부 두 사람이 서는 희귀한 결혼식이 중국에서는 왕가를 비롯해 일반 서민층에도 가능한 것이다.
　12살 때(1851년)는 아버지가 일이 있어 대만을 가는 데 함께 따라 다녀온 일이 있었다. 이 때 하문에서 배를 타고 망망대해 가운데 떠가다가 깜짝 놀랄 만한 일을 경험하였다. 무엇인지 알 수 없는 거대한 물체가 여러 10자 높이로 바다 위에 떠올랐을 때였다. 배 안에 탄 사람 모두가 사색(死色)이 되어 어찌할 바를 모르다가 누군가가 먼저 '관세음보살'을 염하자 모두가 합장을 하고 지극 정성으로 '관세음보살'을 염하였다. 거룩한 기도 법회가 순식간에 이뤄져서 반 시간쯤 지나자 비로소 고기의 꼬리가 내비치었는데 그 길이는 몇 리나 되는지 알 수 없을 정도로 길었다.

이 때 어린 허운 스님의 가슴 속에는 성스러운 '관세음보살' 기도의 여운이 오래도록 남아 있었다. 감명이 깊은 만큼이나 '관세음보살' 기도 소리는 어딘지 모르게 자신의 깊은 뿌리의 혼을 흔드는 듯하게 느껴졌다.

13살 때(1852년)는 요령, 목탁 등 삼보(三寶)의 법물(法物)을 보고 문득 환희심이 일어난 것을 경험하였다. 할머니와 생모(生母)의 묘소를 안장하고서 아버지가 스님을 청해와 집 안에서 불공을 올리도록 할 때 그러한 것들을 본 것이다. 또한 집 안에 있는 향산전(香山傳)과 관세음보살 성도기(成道記) 등 전기류 불경을 손이 닿는 대로 읽고 가슴이 뿌듯해짐을 느꼈다.

이 해 8월이었다. 가을에 숙부를 따라서 남악(南嶽)의 명산대찰을 참배하고 불전에 향을 사른 적이 있었다. 웬일인지 절 안에 들어서면 편안해서 집으로 돌아가고 싶지 않은 마음이었다. 숙세의 불연(佛緣)이 깊어서 그런지도 모른다. 하여간 허운 스님은 숙부가 억지로 끌다시피하여 귀가를 힘들게 한 일이 있었다.

14살 때(1853년)였다. 아버지는 허운 스님을 두고 염려가 컸다. 왜냐하면 늦게 본 외아들 허운 스님이 출가의 뜻을 가지고 있었기 때문이다.

하루는 집으로 도사 한 분을 모셔왔

◐ 허운스님의 사리함.

다. 그 날로 허운 스님은 도가 수행법을 익히게 되었다. 도가 경전을 읽으면서 한편으로는 내공(內功), 외공(外功) 등을 닦았다.

  17살 때(1856년)까지 3년 동안 도교 경전을 읽고 기공을 단련하는 공부를 하였으나 마음 한 구석에는 부처님께로 향하는 불심(佛心)이 불씨처럼 사그라질 줄 몰랐다. 때마침 출가의 뜻을 품고 있는 사촌 동생 부국(富國)이와 이야기가 통했다. 마치 용이 물을 얻는 기분이 들 정도로 기뻤다.

  그러나 아버지는 서둘러서 결혼식을 올리게 하였다. 이미 배필로 맺어둔 전(田)씨 규수, 담(譚)씨 규수가 두 신부로 들어왔다.

  허운 스님은 두 신부와 신방을 차렸으나 운우(雲雨)의 정을 나눈 일은 한 번도 없었다. 그는 아직 스님이 아닌 몸이면서도 스스로를 출가자로 생각하고 처신하였다. 시간이 나는 대로 두 신부에게 불법(佛法)을 이야기해 주며 세세생생 구도의 길을 걷기를 바랬다.

  19살 때(1858년) 허운 스님은 출가 입산하였다. 복주(福州) 고산(鼓山)에 있는 용천사(湧泉寺)에 가서 사촌 동생 부국(富國)이와 함께 삭발하였다. 이 때 상개(常開) 노스님이 스승이 되어 주었다. 이로써 허운 스님은 뒷날 고산의 스님으로 고산인(鼓山人)이라고 불리워졌다.

  20살 때(1859년) 비구계를 받았다. 고산(鼓山)의 묘련(妙蓮) 화상이 스승으로, 계 받을 때 법명은 고암(古巖)이다. 또다른 법명은 연철(演徹)이며 자(字)는 덕청(德淸)이다.

  계를 받은 후에는 바로 몸을 숨겨, 산 뒤에 바위 동굴이 하나 있는데 그 곳에서 은거하였다. 생활은 만불(萬佛)예참으로 일관하였다. 아버지가 사방에 사람을 보내서 허운 스님을 찾아오도록 했기 때문에 허운 스님은 세상 밖에 얼굴 드러내기를 꺼려하였다. 이 때 숲에서 호랑이를 만나도 호랑이가 허운 스님을 해치는 일이 없었다.

23살 때(1862년) 만 삼 년을 동굴에서 지내고, 용천사로 내려와 사중 소임을 보라는 전갈을 받고 절로 내려갔다.

25살 때(1864년) 용천사에서 사중 소임을 보고 있을 때 바람결에 아버지의 소식이 전해졌다. 출가한 외아들을 생각하다가 병석에 누워 계시다는 소식이었다.

27살 때(1866년) 이번에는 고향에서 사람이 와서 집안 소식을 들려 주었다. 아버지는 이미 타계하셨고, 길러준 왕(王)씨 어머니와 두 신부는 허운 스님의 뒤를 따라 출가를 해서 비구니 스님이 되었다는 소식이다. 어머니의 불명은 묘정(妙淨) 스님이고, 전(田) 씨 신부는 진결(眞潔) 스님이고, 담(譚)씨 신부는 청절(淸節) 스님이다.

30살 때(1869년)까지 3년 동안을 동굴 속에서 짐승처럼 풀뿌리와 나무 열매로 연명해가면서 고행 정진을 하였다. 수염과 머리는 자랄 대로 자라서, 사람들이 허운 스님을 어쩌다가 만나면 귀신으로 여기고 놀라 도망을 갔다.

31살 때(1870년) 큰 스승을 만나 정법 수행에 들어갔다.

허운 스님이 온주(溫州) 어느 산기슭 토굴에서 혼자 정진을 하고 있을 때의 일이다. 인근 마을에서는 도인이라는 소문이 파다

하게 퍼졌다. 먹는 문제 등을 뛰어넘어 있으면 있는대로 없으면 없는대로 자유자재 지냈기 때문이다.

어느 날 허운 스님의 토굴로 한 선승이 객으로 찾아왔다. 그는 허운 스님을 만나자 큰절을 올리고 법문을 청하였다.

"수행을 잘 하신다는 말씀을 오래 전부터 들어왔습니다. 저에게 법문 한 말씀을 들려 주십시오."

이 때 허운 스님은 말문이 꽉 막혔다.

"전, 변변치 못합니다. 오히려 스님께서 저에게 가르침을 주시었으면 합니다."

몸둘 바를 몰라 하는 허운 스님을 보고 객이 물었다.

"스님은 이렇게 생활한 지 얼마나 오래 되었습니까?"

허운 스님은 용천사에서 사중 소임을 본 삼년 동안을 제하고 그 나머지 기간은 혼자 동굴이나 토굴에서 지낸 이야기를 자세히 일러 주었다. 객은 이번에 눈을 빛내고 찬탄하면서,

"스님에게는 좋은 스승이 필요합니다. 천태산 화정(華頂)을 아시지요? 그 곳에 용천암(龍泉庵)이 있는데 융경(融鏡) 큰스님이 바로 용천암에 계십니다. 아시다시피 천태산에서 도덕이 제일 뛰어나신 분으로 반드시 스님에게 도움이 될 줄 압니다."

허운 스님은 속으로 '융경 큰스님' 하고 혼자 중얼거렸다.

"그렇다. 큰스님을 친견해야 한다. 혼자서 이룰 수 있는 것이란 아무 것도 없다."

구름이 머물다 떠난 자리
— 허운 스님의 새출발 —

융경 큰스님 친견

바로 용천암으로 간 허운 스님은 마침 한 스님을 만났다.

"스님, 윗자는 융(融) 자, 아랫자는 경(鏡) 자이신 큰스님을 친견하려면 어디로 가야 합니까?"

한 스님은 선 자리에서 얼마 떨어져 있지 않은 승당을 가리키며 대답하였다.

"저어기, 옷을 꿰매고 앉아 계시는 노장님이 보이지요. 저쪽으로 가시오."

허운 스님은 조심스럽게 다가가서 노장님 앞에 섰다. 일에 정신을 팔고 계시는 노장님은 허운 스님이 온 줄을 아는지 모르는지 아무 반응이 없이 그냥 잠자코 옷을 꿰매는 일만 계속할 뿐이었다.

허운 스님이 천천히 큰절을 세 차례 올리고 나서 무릎을 꿇고 앉았다.

"……."

한참만에 허운 스님이 또렷한 목소리로 말하였다.

"스님, 학인이 큰스님께 가르침을 받고자 왔습니다. 큰스님께서는 자비로 거두어 주십시오."

이 때였다. 노장님이 고개를 들어 한 번 허운 스님을 돌아보더니 말 없이 하던 일을 다시 계속하였다. 한참 침묵의 시간이 흘렀다.

"넌, 중인가? 도사인가? 속인인가?"

노장님이 천천히 입을 떼었다. 장발 머리에 수염을 기르고 옷은 남루하기 짝이 없어 승속을 구별해내기 어려운 허운 스님의 차림새가 눈길을 끌 만도 하다.

"중입니다."

허운 스님이 대답하였다.

"계는 받았는고?"

"예, 비구계를 받았습니다."

이 때, 노장님이 꾸짖었다.

"네 모양새가 이런데…… 언제부터 그래?"

허운 스님은 혼자서 그 동안 동굴과 토굴에서 생활해온 내력을 솔직하게 털어놓았다.

노장님은 잠자코 듣고나서 물었다.

"누가 널 그렇게 가르쳤는고?"

"고인이 매양 고행 끝에서 도를 이루었다는 사실을 얻어 듣고 나서 저 역시 그럴 생각으로 따른 것입니다."

이 때 노장님이 단호한 목소리로 꾸짖었다.

"넌 말이지, 고인의 몸 다스림을 알고나 하는 거냐? 아니면 고인의 마음 다스림을 알고나 하는 거냐?

네가 하는 건 바로 말하면, 외도(外道)가 하는 짓이야! 다 정도(正道)가 아니란 말이야! 헛공부 십년 했어. 뭐, 바위 틈 새에서 물만 마시고 수명이 천년 만년 되어 보란 말이야! 그건 엄격히 말해서 능엄경 말씀과 같이 열 종류의 신선이야! 그 열 종류 신선 가운데 하나에 불과해! 도와는 아무 상관이 없어!

설사 한 걸음을 더 떼었다고 하자. 초과(初果)를, 수다원과를 이루었다고 해도 구경각(究竟覺)을 이루려면 아직 멀었어.

보살은 '땅에서 넘어진 자 땅을 딛고 일어선다' 는 법문 그대로거든. 중생이 살고 있는 사바의 세계를 떠나서는 안 되는 거야. 상구보리(上求菩提)하고 하화중생(下化衆生)하는 게 보살 정신이야.

분명히 말하지. 출세간이라고 해도 세간을 떠날 수는 없어. 위로는 깨달음을 향해 구도의 길을 가고 아래로는 사바세계 중생이 깨우치도록 몸소 법다이 실천해 보이면서 법문

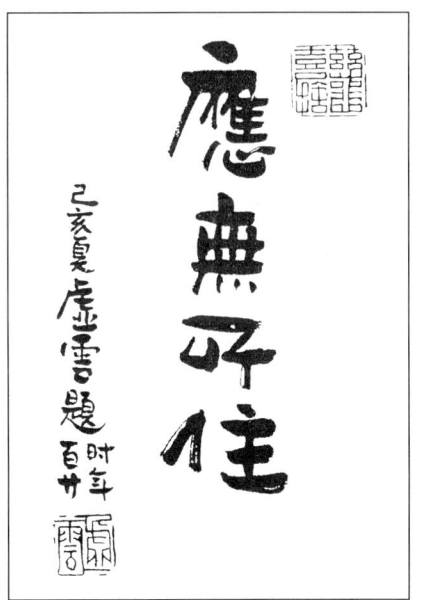

○ 허운 스님의 친필. 사진의 글귀는 '응무소주'.

에 인색치 않는거야. 네 행색을 봐. 먹지 않고 자지 않은 게 무슨 공부야. 기이한 형상을 좇아 기행(奇行)만을 한 거야. 이래 가지고 도를 반조각인들 이룰 수가 있겠어!"

허운 스님은 융경 노장님의 말씀에 망연자실하였다. 뼈저리게 큰 방망이로 얻어 맞고 정신을 잃었다가 간신히 깨어난 기분이 들었다. 가까스로 정신을 가다듬은 허운 스님은 노장님께 다시 큰절을 올리고 나서 가르침을 청하였다.

"내 말을 따를 테냐, 안 따를 테냐? 내 말을 따르려거든 여기에 남아 있고 그렇지 않으려거든 떠나거라!"

허운 스님이 대답하였다.

"여기 남아 큰스님 말씀대로 따르겠습니다. 저는 크게 마음을 고쳐먹고 용천암에 왔습니다."

허운 스님은 노장님이 건네준 새 승복으로 갈아입고 삭발 목욕을 하는 등 새로 입산하는 기분으로 용천암 생활을 시작하였다.

'누가 이 송장을 끌고 다니는가?'

대중 울력을 마치고 혼자 있는 시간에도 화두를 놓지 않고 좌선 정진을 계속하였다.

어느 날에는 조용하게 혼자서 토굴생활을 할까 하는 생각에 갈등도 하였지만 노장님의 가르침대로 대중과 어울려 지내면서 정진을 하였다. 대중과 함께 먹고 자는 일이 그냥 먹고 자는 일이 아님을 크게 깨달았던 것이다. 평상심(平常心)이 도라는 평범한 도리를 한발짝 더 가까이 체득해 보는 기분이 들었다.

사중 소임을 보면서 천태교관(天台敎觀)도 공부하였다. 이 공부 역시 착실하게 기초를 다지는 과정으로 삼았다.

어느 새 두어 해가 지났다. 노장님은 허운 스님을 곁에 두고 더 가르치지 않아도 되리라는 생각 때문인지, 조용히 불러서 이렇게 말하였다.

"이제는 이 곳을 떠나거라. 부처님 경전을 강의하는 데로 가서 청강을 두루두루 해."

이 후 허운 스님은 법화경, 능엄경, 아미타경 등을 청강하는 시간으로 여러 해를 보냈다. 교학 체계가 나름대로 확고해졌다.

융경(融鏡) 노장님은 여든 살을 넘긴 나이인데도 자상하게 허운 스님을 지도하여 주었다. 계율을 지키는 정신이 엄정하고 불법 교리를 꿰뚫은 당대의 큰 선지식을 만난 게 정말 다행이었다.

허운 스님의 수행 과정에는 적잖은 장애가 따랐다.

38살 때(1877년)는 여자로 해서 이상한 일이 있었다. 도고마성(道高魔盛)으로, 도가 높아질수록 장애가 성해지는 경우이다.

여름 삼복(三伏) 중의 남방 더위는 알아줄 만하다. 그 때는 영파(寧波)에서 항주(抗州)로 가는 뱃길이었다. 배 안에는 사람들이 가득 차서 입추(立錐)의 여지가 없었다.

모두가 곤한 잠에 빠져 있을 때였다. 한밤중인데도 몹시 무더웠다. 모르는 순간이었다. 허운 스님이 누워 있는 곁에는 한 젊은 아낙네가 바짝 붙어있었다. 배의 요동과 무더위, 피곤과 배고픔에 그냥 누워서 얼핏 잠이 든 순간이었다. 비몽사몽간에 허운 스님은 깜짝 놀라 잠이 깨었다.

젊은 아낙네가 문득 허운 스님의 하체를 만지고 있었기 때문이었다. 허운 스님은 벌떡 일어나 허리를 세우고 앉아 다라니를 염하기 시작하였다. 그러나 젊은 아낙네는 풀어헤쳐진 제 옷섶을 고쳐매지도 아니하고 한동안 그대로 누워있었다.

  참으로 아찔한 순간이었다. 두 신부와 지내면서도 운우(雲雨)의 정을 나누지 않고 지냈던 허운 스님으로서는 별 문제가 되지 않았지만 수행 중에 여난(女難)은 무서운 것이다.

구름이 머물다 떠난 자리
− 허운 스님의 고행정진 −

보타산에서 오대산까지

43살 때(1882년) 범인이 해내기 어려운 난행고행(難行苦行)을 하였다.

7월 초하루부터 도반 스님 네 명과 함께 관음성지 보타산 법화암에서 출발하여 장장 사천 리가 넘는 오대산을 향해 세 걸음을 떼고 한 차례 오체투지 큰절을 하는 삼보일배(三步一拜)의 배행(拜行) 수행에 들어갔다. 첫째는 낳아서 길러주신 부모님의 은덕으로 선망 부모에 대한 왕생극락 발원이고, 둘째는 자신이 출가한 지 스무 해가 지나도록 도업(道業)을 이렇다 하게 이루지 못한 데에 대한 참회 발원이다.

밤낮으로 가슴이 미어지는 듯한 뼈아픈 죄책심이 따랐다. 모친은 허운 스님의 출생과 삶을 맞바꾸기나 하려는 듯이 허운 스님이 태어난 날에 돌아가셨고, 부친 역시 출가한 아들의 소식을 접하고서는 그 충격이 심해 병고로써 지내다가 타계하고 말았으니, 불가와 속가 두 집안에 죄를 지은 양가득죄(兩家得罪)의 죄인이다. 한 걸음 한 걸음을 떼어놓으면서 삼보일배로 복행을 하는 중에 이 두 가지 발원은 한시도 잊을 수가 없었다. 도반 스님들은 모두 도중에 그만 두고 떠났지만 허운 스님은 뼈를 깎는 듯한 아픔을 이겨내고 만 삼 년이 지나 오대산 현통사에 닿았다. 이 때 일어난 일들 가운데 불보살의 가피로 구사일생(九死一生) 한 영험담이 있다.

첫해는 보타산 - 소주(蘇州) - 남경(南京)에 이르러 우두법륭(牛頭法融) 스님의 조탑(祖塔)에 예를 올리고 양자강을 건너서 강어귀에 위치한 사자산사(獅子山寺)에서 섣달 그믐을 쇠고 설을 맞이하였다.

44살 때(1883년) 새해를 맞아 사자산에서 출발하여 다시 배행을 시작하였다. 강소성 북쪽에서 하남성에 접어들기까지 한 해가 다 갔다. 숭산 소림사, 낙양 백마사를 지났다. 새벽이면 눈을 뜨자마자 배행을 시작하였고, 밤에는 천근만근으로 무겁게 고단해진 몸을 뉘여 잠시 눈을 붙였다. 비가 오고 바람이 거세도 쉬지를 않았고, 달이 있어 밝거나 달이 없어 어두워도 때를 가리지 않았다. 오로지 배행뿐이다. 입에서는 나무아미타불 명호가 끊이질 않았다.

섣달에 접어들어 황하 강가에 닿았다. 이 곳 지명은 철사도(鐵謝渡), 혹은 철사(鐵謝)이다. 고아무릉(光武陵)을 지나서 초하룻밤을 객점(客店)에서 지냈다. 둘째 날이다. 황하를 건너 북쪽 강어귀에 닿았을 때는 캄캄한 밤중이었다. 사방을 돌아보아도 인가는 보이지 않고 다만 조그만 띠집 한 채가 빈 밭가에 보였다. 사람이 없는 허술한 띠집은 그래도 노숙보다 나아보였다. 허운 스님은 더듬더듬 띠집 안으로 몸을 들여놓고 가부좌를 하고 앉았다. 한밤중 혹독한 추위 속에 큰 눈이 내려 다시는 밖으로 나갈 수도 없었다.

띠집에서 첫날을 맞이한 아침이었다. 눈 덮인 대지는 유리광(琉璃光) 세계. 한 자가 넘는 눈이 쌓인 들녘에는 사람의 왕래를 찾아 볼 수가 없었다. 허운 스님은 띠집에 갇히는 신세가 되어, 허리를 곧게 세우고 앉아 나무아미타불 염불을 하기 시작하였다. '춥고 배고픔에 진정 도를 닦을 마음이 일어난다'고 한 옛 말씀 그대로였다.

몸이 자신도 모르는 새에 몹시 웅크려졌다. 밖의 눈은 더욱 퍼붓듯이 내렸다. 허운 스님은 춥고 배고픔에 고통스러웠으나 이런 가운데서도 염불삼매에 들어 정념(正念)에서 흐트러짐이 없었다. 하루가 지나고 이틀이 지나고 다시 사흘이 지났다. 폭설은 그칠 줄 모르고 추위와 배고픔도 여전한 상태에서 허운 스님이 생각하기에는 잠시 잠깐인듯 한데 며칠이 지났다.

엿새째 되는 날, 오후였다. 눈이 그치고 햇빛이 약간 비쳤다. 허운 스님은 몸의 병이 너무 깊어서 회복하기 어려운 지경에 이르렀다.

구사일생

이레째가 되는 날이다. 눈 덮인 허허벌판에서 난데없이 한 거지 차림의 사내가 나타나서 띠집에 죽은 듯이 앉아 있는 허운 스님을 보고는 놀라서 할 말을 잊었다. 허운 스님 역시 조금이라도 입을 떼어 놓을 수가 없었다.

거지 차림의 사내는 허운 스님의 전신이 차갑게 굳어 있음을 살펴보더니 급히 눈을 치우고 짚을 모아 불을 지폈다. 그리고는 어디서 구했는지 기장 쌀죽을 쑤어서 먹여주기까지 하였다. 허운 스님의 몸에 온기가 돌고 생기를 약간 되찾았을 때에 사내는 입을 열고 물었다.

"어디서 왔소?"

허운 스님은,

"남해."

라고 대답하였다. 남해는 보타산 관음도량이 있는 곳이다.

◐ 추위에 언 허운스님을 보살피는 거지 차림의 사내.

"어디로 가요?"

"오대산 참배요."

이번에는 허운 스님이 거지 차림의 사내에게 물었다.

"귀인의 성명은?"

사내가 대답하였다.

"성은 문(文) 씨이고 이름은 길(吉), 문길이라 합니다."

"어느 곳으로 갑니까?"

"오대산에서 나와 장

안으로 돌아갑니다."

허운 스님은 오대산이란 말에 귀와 눈이 번쩍 뜨여 다시 물었다.

"오대산에서 나오셨다고요? 오대산이면 어느 절과 내왕이 있으신가요?"

거지 차림의 사내는 오대산에 제 집이 있는 양 천연스럽게 말하였다.

"사람들이 다 아는 편입니다."

"오대산으로 가려면 어느 길로 가야 합니까?"

"초작시(焦作市)의 맹현(孟縣), 회경 황사령, 신주, 태곡(太谷), 태원(太原), 대현(代懸)의 아구(峨口)를 지나면 곧 오대산이 나옵니다. 만일 오대산에서 제일 먼저 비마암(秘魔巖)에 닿는다면 이곳으로 가시오. 비마암 남쪽에는 남방에서 온 스님이 한 분 계십니다. 법명은 맑을 청자, 한 일자 청일(淸一) 스님이라고 하지요. 수행과 도덕이 아주 높으신 분으로 알려져 있습니다."

거지 차림의 사내는 거침없이 여기까지 안내의 말을 하고는 청일 스님을 소개하였다. 그리고 보니 여간 예삿분이 아닌 듯 느껴졌다.

허운 스님이 잠자코 있다가 다시 물었다.

"여기서 오대산까지 가려면 산을 얼마나 넘어가야 합니까?"

거지 차림의 사내가 말하였다.

"이천 봉우리입니다."

이야기가 여기까지 왔을 때쯤 날씨가 화창하게 개였다. 거지 차림의 사내는 기장 쌀죽을 또 쑤어주면서 눈을 물 대신 사용해 솥안에 한 움큼 집어 넣으면서 말했다.

"남해에도 이런 기장 쌀죽이 있습니까?"

"없어요."

"그럼, 무얼 먹습니까?"

"물을 마십니다."

뜨거워진 솥 안에 넣은 눈은 곧 녹았다. 거지 차림의 사내는 솥 안을 손가락질하며 허운 스님을 똑바로 보고 말했다.

"이게 뭘가(是甚麽)?"

"……"

허운 스님이 '이게 뭘까?' 에 묵언(默言)으로 입을 다물자 다시 물었다.

"스님, 명산을 참배해 무얼 구하지요?"

"예, 제가 태어나서 뵙지 못한 모친, 이 모친의 은혜에 보답하고자 합니다."

구름이 머물다 떠난 자리
— 허운 스님의 업장소멸(業障消滅) —

자비심 많은 노스님 친견

거지 차림의 사내가 간곡하게 말하였다.

"스님, 제 말을 들어주시오. 등에 짐을 진 채 춥고 먼 길을 어찌 가신단 말씀이오? 제 생각 같아선 배행(拜行)을 그만 두지 않으면 큰 일이 날 것만 같습니다. 제발 더 하지는 말아주십시오."

허운 스님이 조용히 말하였다.

"맹서하고 발원한 바가 있소. 일찍부터 세월의 길고 짧음과 거리의 멀고 가까움은 불문에 붙이기로 하였습니다."

"허나, 스님의 발원은 이루어내기 어렵습니다. 날씨는 다소 풀렸다고는 하지만 눈은 녹지 않고 그대로 있지요. 더구나 길을 가려내기 힘든데 어찌 가신단 말씀입니까?"

"그럼 이렇게 하시지요. 스님, 제가 온 길을 따라 발자국 난 대로만 가시지요. 20리쯤 가시면 그 곳이 소금산(小金山)입니다. 다시 20리쯤 가시면 맹현(孟縣)입니다. 다시 여기에는 절이 있을 터이니 반드시 머물도록 하시지요."

● 허운 스님의 120세 무렵 말년 법상.

거지 차림의 사내는 읍례(揖禮)로 작별 인사를 나눈 뒤 총총 걸음으로 사라졌다.

눈이 몹시 쌓여 있는 길 위에서는 배행의 절을 할 수가 없었다. 발자국을 따라 발자국 하나하나에 합장을 올리면서 걸어 소금산(小金山)을 향해 갔다. 그 다음에는 맹현(孟縣)을 지날 때부터 배행을 하기 시작하였다.

맹현에서 심양(沁陽: 懷慶)으로 가는 도중에 있는 절은, 거지 차림의 사내가 일러준 대로 홍복사(洪福寺)이다. 마침, 이 절 부근을 지날 때에 한 노스님을 뵈었다. 존함은 덕림(德林) 스님이시다.

길에서 배행(拜行)하는 허운 스님의 참담한 모습을 가까이서 지켜보고는 걸상을 내놓고 앉도록 권하였다. 덕림 노스님은,

"내 말을 들으시오. 상좌는 이 절에 오도록 하시오." 하며, 사람을 불러서 허운 스님의 걸망을 등에서 벗게 하고는 절로 손수 안내하였다.

편히 쉴 방으로 이끈 뒤에 따끈한 차를 내온다, 공양을 내온다 하며 친절을 다하였다. 공양상을 물리자 노스님이 물었다.

"상좌는 어디에서부터 배행을 해오는 길이요?"

허운 스님이 이 년 전에 보타산에서 출발하였다는 사실과 선망

◐ 허운 스님의 출가 본사인 고산 용천사 산문.

허운 스님의 수행시대 법상. ◐

부모의 은혜에 보답하기를 발원한다는 뜻을 간략하게 설명하였고, 출가 본사는 복건성(福建省) 복주(福州)의 고산(鼓山) 용천사라고 덧붙여 말하자, 노스님이 속에서 북받쳐오르는 감정을 참지 못하고 끝내는 울음을 터뜨렸다.

한참 지나서 눈물을 지우고 노스님이 말하였다.

"그러니까, 고향의 내 도반이 생각나는구먼. 우리는 셋이었는데, 한 사람은 형양(衡陽) 쪽의 스님이시고, 또 다른 한 사람은 복주(福州) 쪽의 스님이시지. 우리 셋은 늘 같이 정진하며 절에 참배하러 다녔어. 그렇게 한 곳에서 지낸 햇수만도 서른 해였지. 그 뒤에 각자 제 처소로 돌아간 후로는 소식이 뚝 끊어져 버렸어. 이제 상좌의 고향 소식을 듣고, 고산의 불제자라고 하니, 눈 앞에 마치 내 도반을 본 듯해. 그래서 홀연, 이 늙은이가 주책없이 마음이 슬퍼지는구먼.

금년 내 나이는 여든 다섯이야. 우리 홍복사의 여건으로는 상좌를 머물게 할 수가 있어. 근자에 조금 흉년이 들었지만, 금년은 대설(大雪)이라 반드시 풍작일 거야. 상좌는 우리 절에 오래 머물 수가 있으니 그리 알게."

노스님이 정성스럽게 보살펴 준 덕분에 허운 스님은 편히 쉬면서 다시 섣달 그믐날과 새해를 맞이하였다.

회향의 환희

45살 때(1884년)는 5월에 일심정념(一心正念) 배행 끝에 오대산 현통사(顯通寺)에 닿아 회향하면서, '문수보살의 화신(化身)' 이라는 찬사를 받았다. 천신만고로 배행을 시작한 지 햇수로는 삼년이지만 실제 기간은 10개월, 비가 오나 눈이 오나 기후를 탓하지 않고 10리 길을 배행한 결과이다.

○ 허운 스님의 사리탑 비문 일부.

현통사는 낙양 백마사(白馬寺)와 함께 중국에서 최초로 창건된 절의 하나로서 유서깊은 고찰이다.

창건주는 인도의 가섭마등(迦葉摩謄) 스님과 축법란(竺法蘭) 스님이다. 《국사구문(國史舊聞)》 등 고서에 따르면, 중국에 최초로 백마사가 창건된 해는 서기 68년이다. 71년에는 정월 보름날,

오대산에서 먼저 자리를 잡고 있던 도교의 도사와 뒤늦게 절을 지으려는 가섭마등 스님, 축법란 스님과 협의가 이뤄져서 분서(焚書)로써 대결을 하도록 동한(東漢)의 명제(明帝)가 영을 내렸던 바, 도교의 경전은 불타 새까만 재로 변하였고, 불경은 타오르는 불길 속에서도 타지 않았다고 하는 기록이 있다. 한장본 제본에서 책 표지는 누렇게 하고 위 아래 두 귀축은 빨갛게 한다는 황권적축(黃券赤軸)은 이 때 생겨난 말이다. 왜냐하면 불경이 불 속에 들어가 있을 때에 올랐다가 그쳤기 때문이다. 분서의 터, 분경대(焚經台)는 백마사 서남쪽에 지금도 유적으로 보존되어 있다.

오대산, 곧 청량산(淸凉山)은 이런 연유로 하여 개산되었다. 항상 청량한 기운이 심신을 맑게 해주는 오대산 성지에는 문수보살이 참지혜의 법문을 끊임없이 설법하고 있다고 한다. 이 문수보살의 친견으로 지금까지 쌓아온 업장(業障) 모두를 씻고 대오(大

○ 허운 스님이 입적한 강서 운거산 진여선사(眞如禪寺)에 있는 허운 스님 기념관.

悟)의 문에 들어서서 무생(無生)의 법인(法印)을 증득한다.

　대덕의 선례가 적지 않다.

　이제 문수보살의 앞에 꿇어 앉은 허운 스님은 쏟아져 내리는 눈물을 감추지 못한 채 한동안 크게 어깨를 들먹이며 울었다.

　한 노승은 허운 스님 앞에 큰절을 하면서

　"화상이야말로 문수보살의 화신(化身)이십니다." 하였다.

　허운 스님은 먼저 동대(東臺)에 참배하고 일 주일 동안 좌선을 하는 시간을 가졌다.

　다음 북대(北臺), 중대(中臺), 서대(西臺), 남대(南臺)를 거쳐 오대산 전산(全山) 참배를 마치고 현통사에서 열린 6월 대불회(大佛會)에 동참하는 것으로 삼 년 배행을 회향하였다.

　마음 속에는 환희심(歡喜心)이 끊임없이 샘솟듯 가득 차 올라 자신을 잊을 정도였다. 고인이 말한 바, 어두운 습기(習氣)가 일 순간 사라지고 광명이 마음 속에 밝게 자리한 까닭이다.

구름이 머물다 떠난 자리
— 허운 스님의 천안통(天眼通) —

  56살 때(1895년) 양주(揚州) 고민사(高旻寺)에서 선칠(禪七) 정진 중에 천안통(天眼通)과 깨달음을 얻었다.

  고민사 주지 월랑(月朗) 스님이 지장도량 구화산(九華山)에 와서 대덕 스님네가 선칠(禪七) 정진 법회에 많이 동참해 주기를 바란다는 뜻을 전한 때는 6월이었다. 선칠(禪七) 정진 법회는 대중이 모여서 7일 단위로 가행(加行) 좌선 정진하는 가운데, 대중의 힘을 빌어 크게 정진의 힘을 얻도록 하는 수행 방법의 하나이다.

  고민사는 금년 들어 열두 차례 선칠 정진 법회가 있는데 이 가운데서 네 차례는 이미 마쳤다.

  허운 스님이 서둘러서 고민사로 걸어갈 때였다. 도중에 냉정한 뱃사공을 만나 강을 건너려는데 배삯 6전이 없어서 거절을 당하였다. 하는 수 없이 강둑을 따라 걷고 또 걸었다. 육지라면 어디든지 힘 닿는 데까지 걸어갈 수가 있는 허운 스님이었으나 강나루 앞에서는 힘을 잃었다. 주머니 안에는 무일푼! 두타행(頭陀行)도 이런 철저한 두타행이 없다.

밤중이었다. 화두를 들고 터벅터벅 강둑을 따라 걷다가 그만 실족을 하고 말았다. 허운 스님은 강물에 풍당 빠져서 혼수 상태로 하룻낮 하룻밤을 계속 떠내려가다가 채석기(采石磯) 마을 부근 강가에서 어부가 쳐 놓은 그물에 걸려 구사일생으로 살아났다. 뒷날 허운 스님의 일대기를 정리해 볼 때 이 일이 깨달음에 들게 한 직접적인 계기가 되었다.

이 때 채석기 마을에 있는 보적사(寶積寺)라는 절의 스님 한 분이 나와서 허운 스님을 모셔갔다.

"덕청(德淸) 스님이 아니오?"

보적사 스님은 놀라서 어쩔 줄을 몰라했다. 덕청은 허운 스님의 입산 당시 법명이다. 안면이 있는 보적사 스님은 절에서 할 수 있는 간호를 다해 주었다. 이 때 날짜는 6월 28일이다.

입과 코, 대소변으로 끊임없이 피가 흘러나왔다. 송장이 다 된 허운 스님은 그래도 이를 악물고 병석에서 일어났다. 며칠 요양한 덕분인지 걸을 수 있는 힘을 다소나마 얻었기 때문이다.

"수저 젓가락을 잡을 힘이 있고, 제 발로 해우소에 걸어갈 힘이 있으면 정진을 멈추지 않고 공부해야 수도인이다" 하는 법문이 머리에 떠올랐다.

간신히 고민사에 닿아 먼저 원주 스님을 만났을 때였다. 원주 스님이 눈살을 찌푸리며 물었다.

"스님은 병이 있지요?"

허운 스님이 단호하게 대답하였다.

"병은 없습니다."

다음에는 주지 월랑(月朗) 스님을 뵙고 방부를 드리려고 할 때였다.

"부탁 드릴 게 있습니다. 스님은 선칠(禪七) 정진 대중을 위해 외호하는 사중 소임을 하나 맡아 주시오. 구참 스님은 그러실 수가 있지요."

주지 스님의 간곡한 부탁이었으나 오로지 공부열에 가득찬 허운 스님으로서는 거절할 수밖에 없었다. 더구나 강물에 빠진 후유증으로 몸이 아파서 죽을 지경인데도 차마 몸이 아프다는 말을 입 밖에 꺼내지 못했다.

선칠 정진 법회가 있는 고민사 산중 청규의 옛 가풍은 참으로 엄격하였다. 허운 스님의 경우처럼 주지 스님의 청을 물리친 이는 대중이 지켜보는 가운데서 장군죽비로 참회의 경책을 받지 않으면 안 되었다.

허운 스님은 이 경책을 달게 받고도 정진에 들어갔다. 몸은 쇠약해질 대로 쇠약해져서 말이 아니었다. 피가 흘러나오는 코, 입, 대소변은 여전하였다. 다만 살 가망이 없는 극한 상황에서 죽을 날을 눈앞에 두고 있는 참담한 처지였다.

그래도 선방 안에서 정진하는 시간이 좋았다. 모든 것을 놔버리고 홀가분하게 죽음 앞에 선 허운 스님은 오히려 마음이 편했다. 이 때 한 생각 맑고 깨끗한 경계가 왔다. 한 생각 맑고 깨끗한 경계는 한결 같았다. 허운 스님은 이제 아픈 몸을 개의치 않고 고통 없이 정진을 계속할 수가 있었다. 몸이 있는지 없는지조차도 모를 지경이었다.

○ 허운 스님의 친필 게송.
　부처님이 세인에게 청정한 계를 지키게 함에
　청정한 몸 장엄하여라
　노사나 부처님의 마음 속뜻을 안다면
　중생이 부처와 같아 진실하고 참되리.

　이로부터 스무 날쯤 지난 어느 날이었다. 몸의 병이 문득 씻은 듯이 사라짐을 느꼈다. 고인이 말씀하신 바, 몸의 병은 마음에서 생긴다는 법문 그대로이다. 한 생각에서 몸과 마음이 맑고 깨끗해져서 몸의 병과 마음의 번뇌가 일시에 자취를 감춘다는 내용이다. 스스로 확신에 차서 든든한 생각이 들었다. 이대로 밀어붙여서 마지막 꼬투리가 떨어지기까지 한 발자국도 물러서지 않으리라는 생각이 철석 같았다.

　이 무렵이다. 채석기(采石磯) 마을의 보적사 주지 덕안(德岸) 화상이 선칠 정진 중인 고민사에 참배를 왔을 때였다. 허운 스님을 위해 준비해온 승복을 건네 주고는 허운 스님의 안색과 몸이 빛이 나게 몹시 좋아진 걸 보고 기뻐하였다.

　그는 대중에게, 허운 스님이 물에 빠져 떠내려오다가 구사일생으로 살아난 자초지종 이야기를 들려주고 병색으로 떠났다가 이렇게 정진의 힘으로 약 하나 먹지 않고 회복이 빠른, 기적에 가까운 비상한 내력을 감탄의 말로 토로하였다. 듣는 대중 역시 놀라는 한편 허운 스님의 구도열에 감탄을 하고, 우리 곁에 있는 사바생불(娑婆生佛)이란 바로 허운 스님 같은 분이 아닌가 여기며 마음 속으로 깊이 존경하였다.

대중 스님들은 허운 스님이 이 이후로 아무 부담이 없이 밤낮으로 자유롭게 정진을 하도록 배려해 주었다. 일체 잡무 소임을 놓아버리고 오직 일념정진에서 흐트러지지 않도록 각별히 생각해 준 덕분이다. 이렇게 용기백배로 밀어붙일 때이다. 먼저 열린 것은 천안통(天眼通)이다.

공부의 바닥이 드러날 때가 옴을 스스로 느낄 때쯤 허운 스님의 눈 앞에는 걸림 없는 천안(天眼)의 신통 경계가 왔다.

밤과 낮이 하나 같고 행동이 경쾌하기가 마치 학과 같은 기분이 들었다.

저녁이었다. 평소대로 선방 좌복 위에서 정진을 하고 있을 때였다. 홀연 눈 앞에는 빛이 대낮과 같이 밝아져서 선방의 안과 밖이 뚫려 훤해졌다.

시선이 벽을 통과해 어둠과 상관없이 내다보였는데, 첫째, 향등(香燈) 스님의 모습이 보였다. 허운 스님이 향하고 앉아 있는 벽 건너 해우소(解憂所)에 서서 소변을 보고 있는 향등 스님의 모습이 나타나 보인 것이다.

둘째, 서단(西單) 스님이 대변을 배설하고 앉아 있는 모습이다.

그 뿐만이 아니라, 해우소를 뛰어 넘어 강이 보이고 강 위에는 배가 떠 있고, 강뚝 양켠에 줄지어 선 나무의 여러 가지 푸른 색깔이 가까이서 손 위에 올려놓고 보는 것처럼 뚜렷하게 보였다.

이 때 삼경 밤 아홉 시를 알리는 종소리가 들려왔다.

이튿날이었다. 향등 스님과 서란 스님을 만나서 어젯밤 그 시간에 뒷간에 간 일이 있는지를 알아보니 과연 맞았다. "신통도 큰 장애다. 신통은 번뇌의 불길이 다 꺼진 열반의 경지가 아니야! 이 일을 더 발설하지 말자."

허운 스님은 이 일을 더 마음에 두지 않고 별 생각없이 정진을 계속하였다.

작은 성과에 만족하고 거기에 주저 앉는 일이 범부에게는 다반사(茶飯事)인데 허운 스님 같은 대근기(大根機) 수행인으로서는 천안통도 한갓 가벼운 깃털에 지나지 않는 일인 모양이다.

구름이 머물다 떠난 자리
- 허운 스님의 깨달음과 열반 -

40년 전에 이 사바세계에서 몸을 벗고 원적(圓寂)한 허운 스님은 56살 때 깨달음에 들기 전인 청·장년 시절에 걸어서 다니는 '길의 고행자'로 알려져 있다. 청말(淸末) 부유한 관리의 외아들로 태어난 그는 수려한 용모와 깊은 신심을 갖고 있었으며, 삼보(三寶)를 가까이 해서 악을 멀리하고 선을 좇아 안락해짐을 좋아해 경전을 읽고. '나무아미타불' 염불을 하고, 좌선하고, 명예와 이익을 취하는 대신에 부모의 은혜에 보답하는 길과 깨달음에 이르는 길을 생각하고, 정진으로 시간을 보내곤 하였다.

법명이 고암(古巖)인 이 고행의 구도자가 허운(虛雲)이란 이름으로 바꾼 것은 무슨 까닭이 있었을까? 그가 깨달음을 얻은 고민사에서 나와 행각하면서 위로는 황실에서부터 스님을 가만히 놔주질 않고 유명한 인사로 모셨기 때문에 매우 난처한 생각이 들어 흔적없이 몸을 숨기려고 '허운(虛雲)'이라고 고친 것이다.

허운 스님은 부처님이 탄생하실 때와 마찬가지로 모친이 곧바로 돌아가심으로 해서 인생무상(人生無常)을 어려서부터 뼈에 사무치게 느꼈을 가능성이 크다. 자라서 결혼하였어도 인생을 즐기며 살기보다는 구도의 길을 택하였던 것도 이러한 삶에 대한 크나큰 의문 때문이었을 것이다.

허운 스님은 출가하여 초기에 혼자 토굴, 혹은 동굴에서 두타(頭陀)행을 하고 있을 때에 철저하게 의식주에 매이지 않는 초탈의 경지를 누리곤 하였다.

불치의 병에 걸렸을 만큼 생사의 기로에 빠지더라도 태연한 자세로 맞아 구사일생(九死一生)으로 살아난 적이 여러 차례 있었다.

56살 되던 해 12월이었다. 가행(加行) 정진 기간 중인 저녁 무렵, 사미 스님이 뜨거운 차를 따라주다가 잘못해서 허운 스님의 손등에 뜨거운 찻물을 튕겨 그만 찻잔을 바닥으로 떨어뜨렸을 때, 쨍그랑 하고 찻잔이 산산조각이 나면서 깨어지는 소리를 듣는 순간, 허운 스님은 홀연 깨달음의 경지에 들었다.

杯子撲落地
響聲明瀝瀝
虛空粉碎也
狂心當下息
찻잔이 바닥에 깨어질 때
천지를 뒤흔드는 큰 소리
허공까지도 산산조각이 나고
미친 듯 헐떡인 마음 일찰나에 고요해.

湯着手　打碎杯
家破人亡　語難開
春到花香　處處秀
山河大地　是如來
뜨거운 물이 손에 튕겨서 찻잔이 깨어짐이여
집과 사람 모두 없어져서 입을 뗄 수가 없네
봄이 옴에 꽃이 향기로워 어디나 아름다운 강산
눈길이 닿는 곳마다 부처 아님이 없네.

제 자신의 실수로 허운 스님의 찻잔을 깨뜨린 사이 스님이 쩔쩔매면서 바닥에 흩어진 찻잔 조각을 주워 거두는 걸 아는지 모르는지 허운 스님은 다만 법열(法悅)에 잠겨서 이런 오도송(悟道頌)을 읊었다. 한참만에 좌중의 대중 시선이 사미 스님과 허운 스님에 집중되고 있음을 알아 차리고 가볍게 합장을 하며,

"상관 없소. 저는 괜찮습니다." 하였다.

깨달음 이후 허운 스님은, 오대산으로 배행(拜行) 가던 시절 띠집에서 만난 문길(文吉) 거사가 눈을 차관에 넣어 녹여서 물로 만들면서,

"이게 무엇이오?" 하고 물었던 그 화두(話頭)의 의문덩어리가 일시에 무너짐을 깨달았다.

"그 때 그냥 묵언으로 대하였는데, 이제 보니 그게 아니야. 단박에 발길질을 해 걷어차서 화로와 차관 모두를 날려버렸더라면 좋았을 걸!"

마침내 마음 속에 품어온 의문덩어리 모두가 벌건 화로 위에 떨어진 흰 눈송이와 같이 소리 없이 녹아 사라져서 이제는 전혀 딴 사람인 대자유인이 되었다.

물에 빠져서 죽을 고비를 넘기고 정진한 결과로 깨달았기에 역시 물과 인연이 깊다. 아주 어렸을 때 대만으로 가는 배 위에서도 큰 고래가 나타나 '관세음보살'로 염불하면서 무사히 위기를 넘긴 일도 바닷물 가운데서 이뤄졌다. 물, 물은 허운 스님의 둘도 없는 스승이었다.

교화의 길에 나서서 오래지 않아 종남산 한 절 공양간 부뚜막 위에서였다. 일을 하다 말고 앉아서 선정(禪定)에 깊이 들었다. 그 자리에서 보름간 요지부동으로 앉아 있다가 깨어나서는 아무 일도 없었다는 듯이 일상생활로 돌아왔다. 솥 안에는 토란이 썩어 하얀 곰팡이가 한 치나 자라 있었다. 그는 삶과 죽음의 강을 자유로 넘나드는 무애자재(無碍自在) 경지를 성취하였다.

공산치하(共産治下)에서 삼보(三寶)를 굳게 지키던 중, 매를 맞아서 사경(死境)에 빠졌다가 다시 회생한 일은 깨달음 이상의 의미를 지니고 있다. 허운 스님은 삼보를 옹호하는 일을 제 몸 지키는 일 이상으로 귀하게 여겼다.

불법(佛法)이 이웃에게 간절하게 전해져서 안락법문(安樂法門)에 안주하기를 발원한 보살의 길은 크게 둘로 나눌 수가 있다.

하나는 가는 데마다 불사(佛事)를 일으켜서 도량을 세우는 일과 다른 하나는 금강계단에서 수계식을 베푼 일이다. 허운 스님은 제 자신을 위해서는 소유물을 극히 간소하게 제한하였으면서

도 불사만은 성대하게 치루었다.

120살 무렵, 운거산에서 건강이 악화돼서 더 이상 불사를 계속하지 못하였다. 생애의 마지막 1, 2년 전까지 그는 혼신을 다해 활동하였다. 육신의 껍데기를 벗을 때가 다가옴을 알고는, 마지막 가르침을 청하는 제자들에게 이런 유언을 남겼다.

◐ 허운 스님은 56살 때 납월(12월) 어느 날 저녁 가행 정진을 마치고 차를 마시는 시간에 찻잔을 떨어뜨린 순간 깨달았다.

'계정혜 삼학을 부지런히 닦고, 탐진치 삼독을 쉬어 없애도록 하라. 법을 구하기 위해 몸을 잊고 서로가 경애하라(勤修戒定慧 息滅貪嗔痴 爲法忘軀 互相敬愛).'

1959년 음력 9월 12일(10월 13일) 아침이었다.

측근 시자를 불러놓고는 그 동안의 노고를 치하하고는, 대가사 한 벌을 가리키며 잘 지키라고 하는 말 끝에

"어떻게 대가사를 오래 잘 지킬까요?" 하고 묻는 시자에게,

"계(戒)." 라고 짧막한 한 마디를 답하고는 합장을 하였다.

오후 1시 45분 무렵이었다. 허운 스님은 길상와(吉祥臥) 자세로 오른쪽 옆구리를 바닥에 대고 누워 입적(入寂)하였다.

기록에 따르면, 다비식을 마친 후 오색영롱한 큰 사리가 100여

과 나왔고 작은 사리는 헤아릴 수가 없을 만큼 많이 나왔는데, 흰색이 대다수이고 수정같이 맑았다고 한다. 운거산을 비롯해 인연 있는 도량에 사리탑이 세워졌다. 임제종 제43대 조사로서 승납은 101살. 어록으로는《허운노화상 연보·법휘 증정본(虛雲老和尙 年譜·法彙 增訂本)》이 있다. 우리에게 잘 알려진 〈참선요지(參禪要旨)〉도 위 어록에 수록된 법문의 일부이다.

새 시대의 불교를 열다
― 혜원 법사의 백련결사(白蓮結社) 도량 ―

정토종(淨土宗)의 시조로 모셔진 혜원(慧遠, 334~416, 83세) 법사는 '나무아미타불' 염불만 잘한 게 아니다. 선법(禪法), 역경(譯經), 율장(律藏) 어느 분야에도 막힘이 없는 뛰어난 선지식이다.

정토종의 근본도량 여산(廬山, 1474m) 동림사(東林寺)를 참배하기 위해 나그네가 여산에서 16Km 떨어진 강서성 구강시(九江市)에 닿았을 때의 일이다. 시의 북편으로는 양자강이 질펀하게 가로질러 흐르는 산자수명(山紫水明)한 경계가 눈 앞에 전개되었다.

나그네가 황혼녘에 동림사에 닿아 하룻밤을 객실에서 묶고 이튿날을 맞이한 때였다. 예불을 마치고 나서 혜원 법사와 백련결사 대중 123명이 팠다는 방생지(放生池) 연꽃의 청순한 향기를 오래도록 기억했다.

다른 곳에서도 흔히 볼 수 있는 연꽃이지만 유서 깊은 정토종 근본도량에 와서 혜원 법사의 고결한 수행력과 도덕을 생각한 까닭인지 무척 신비롭게 느껴졌다.

口念彌陀
心注西方
坐禪修定
息心忘知
입에는 아미타불 염불을 하고
마음에는 오직 서방정토뿐이네
앉아서는 고요히 선정을 닦으며
마음을 한가히 쉬고 알음알이 없애네.

한날 한시에 왕생극락하기를 다짐한 백련결사의 정신을 생각하며 혜원 법사의 게송을 읊조려 보았다.

현재 60여 명의 대중스님이 머물고 있는 절의 규모는 10여 년 전에 이미 중창불사를 마친 탓인지 대웅보전을 비롯해서 짜임새 있게 배치되어 있다. 이 가운데 옛 가풍을 말해주는 역경탑(譯經塔)과 나한송(羅漢松)이 아직도 남아 있다. 혜원 법사 당시 역경원이 있던 반야대(般若臺) 터 위에 서 있는 역경탑은 절 뒤편에 위치한다. 나한송은 혜원 법사가 기념식수한 노송으로 알려져 있다.

다른 절도 마찬가지겠지만 이 곳 역시 인사를 하고 서로 말을 주고 받을 때에 공손히 합장을 하고 '아미타불'을 염한다.

아미타불 — 무량수(無量壽) 부처님, 무량광(無量光) 부처님 전에 귀의한다는 뜻으로, 무한한 생명, 다함이 없는 지혜 광명의 대명사이다.

흔히들 '나무아미타불(南無阿彌陀佛)' 염불은 늙으막에 기력이 딸려 이제는 참선이나 경을 읽기 어려운 처지의 늙은이나 하근기(下根機)의 몫으로 생각하기가 쉽다. 그렇지 않으면 문화 수준이 낮아 불교 학문에 접근하기 어려운 이의 몫으로 치고 '나무아미타불' 염불이나 하라고 한다.

만일 이 곳 동림사에 참배한 이라면 그런 생각이 아주 잘못되었음을 쉽게 깨닫게 될 것이다.

우선 아미타불 염불을 주창한 혜원 법사의 일대기를 간략히 소개하면서 아미타불 염불에 보다 깊은 관심이 있기를 바란다.

그는 산서성 누번현 사람으로 가(賈)씨의 자손이다. 외삼촌을 의지해 허창(許昌)과 낙양(洛陽)에 유학하여 6경(六經)과 장자, 노자에 능통하였다.

스물한 살 때에는 동생과 함께 한 빼어난 스승의 은거처를 학습하러 가는 도중에 변화가 있었다. 그 스승의 이름은 당대의 명유(名儒) 범선자(范宣子). 처음 목적한 바와는 달리 길을 잘못 들어선 그들 형제는 항산(恒山, 2,017m)으로 향해서 동방 성인(東方聖人)이라고 크게 존경받는 당대 명승(名僧) 석도안(釋道安, 312~385, 74세) 법사를 친견할 기회를 갖게 되었다.

특히 이 날 반야경(般若經) 법문은 그들 형제의 마음 속에 불심을 일깨워주는 자극제가 되어 모닥불과 같이 뜨거운 불길이 저 아래 밑바닥에서부터 활활 타오르게 하였다. 대유학자의 꿈을 안

◐ 혜원 법사가 석장으로 샘을 뚫었다는 고사를 나타낸 그림.

고 있던 그들 형제가 단 한 번의 법문에 심취되어 인생항로를 바꾼 데에는 아마도 전생의 깊은 불연(佛緣) 때문이 아닐런지.

법문이 끝난 후였다. 형제는 누가 먼저라고 할 것 없이 서로 앞장 서서 석도안 법사를 친견하고 입산 출가의 뜻을 밝혔다. 형은 혜원(慧遠), 동생은 혜지(慧持)라는 법명을 받았다.

혜원 법사가 스님이 된 이후 줄곧 가슴 속에 품어온 두 가지 큰 원은 다음과 같다.

첫째는 한량 없는 불법의 진리를 누구나 실행하기 쉽도록 하나의 단순한 원리를 묶어 새로운 종(宗)을 세운다는 뜻이고, 둘째는 이웃을 구제하는 보살행으로 몸과 마음을 다 바친다는 뜻이었다.

스물네 살 때였다. 그는 일찍부터 대중 앞에서 불경을 강의하는 법사였는데, 해박한 지식으로《장자(莊子)》를 끌어들여 종횡무진 청중의 심금을 울려주었다는 평을 받았다. 설통(說通)의 경지에서 청중의 의심을 말끔히 씻어 환희심이 넘치게 하였으니 여간한 일이 아니었다. 스승 석도안 법사마저도 속서(俗書)《장자》를 쓰는 혜원 법사의 법문 방식을 특별히 인정해 주었을 정도였다.

북방이 전란으로 몹시 혼란스러워졌을 때의 일이다. 스승 석도안 법사를 따라 남쪽으로 내려오다가 헤어져서 지낼 때였다. 이때 석도안 법사는 진(秦)나라 왕 부견에게 잡혀가는 신세가 되었다. 이번 전란은 특이하게도 부견이 자국에 석도안 법사 등을 끌어들이기 위해 이웃 나라와 전쟁을 일으킨 것이다.

 태원(太元) 3년(378)에 석도안 법사의 분부를 따르는 문도 혜지(慧持) 등 수십 명을 혜원 법사가 만난 곳은 형주(荊州) 땅이었다. 그들은 석도안 법사로부터 법사를 만나면 그의 가르침을 받으라는 분부를 받았던 것이다.

 그들 일행의 발길은 천하명산 여산에 와서 안도감 속에서 여장을 풀었다. 무엇보다도 그들 일행을 매료시킨 것은 여산의 청량한 산기운이었다.

 혜원 법사가 마흔 여덟 살(효무제 연간, 381년) 되던 해이다.

 대중이 머물 곳을 물색하다가 용천정사(龍泉精舍)로 발을 들여놓았으나 이 곳 역시 비좁아서 대중이 정진하는 선림(禪林)은 따로 두었다.

 이로부터 3년이 지나서 혜원 법사는 불사를 일으켜 3년만에 유사 이래 처음 있는 '아미타불' 염불의 근본도량인 동림사의 개원을 보게 되었다.

 동림사 창건 내력은 다음과 같다.

 불심이 깊은 환이(桓伊) 거사가 이 지방 강주(江州) 자사로 부임해 왔을 때의 일이다. 여산에 일찍이 서림사(西林寺)를 창건한 혜영(慧永) 주지 스님이 환이 거사를 찾아가서 불사를 청한 데서 시작되었다.

 "석도안 법사의 뒤를 이은 혜원 법사와 그의 문도들은 아주 비좁은 용천정사에서 살고 있습니다. 법문을 들으려 모여든 청중의 숫자까지 합하면 용천정사는 더 이상 감당해 내기가 어렵습니다. 자사께서는 이 점을 살피시고, 옛날 부처님 당시에 기원정사를 세운 수달다 장자와 같은 보시 공덕을 쌓을 때가 왔으니 기회를 놓치지 마시기 바랍니다.

 혜원 법사는 법력으로 보아서 동진(東晋) 불교의 크나큰 동량(棟梁)입니다."

 절의 위치가 서림사의 동쪽에 위치한 까닭에 절 이름은 동림사라고 하였다.

 청중은 구름같이 많이 몰려들어 인산인해(人山人海)를 이루었는데 고급 관리, 유학자, 평범한 대중에 이르기까지 폭이 넓었다.

 이제 입산 초기에 세운 두 가지 원을 실현할 단계에 들어선 것이다.

새 시대의 불교를 열다
― 혜원 법사의 위업 ―

　사방에서 대중이 몰려와 혜원 법사의 문하 제자는 날로 늘어갔다. 이 가운데 평생 아미타불 염불을 하는 데에 마음을 다 바칠 것을 결심한, 뜻이 높은 이들은 혜원 법사를 중심으로 한 모임을 만들었다. 법사의 나이 예순아홉 살 되던 402년의 일이다. 후세에 전하는 바, 123명의 현사(賢士)가 모인 수행결사 연사법집(蓮社法集) 혹은 백련결사(白蓮結社)가 바로 이 모임이다.
　이 모임은 한 종파의 성격을 뚜렷이 띠면서 뒷날 연종(蓮宗)으로 불리워졌다. 당나라 때 와서는 도작(道綽, 562~645, 84세) 스님과 선도(善導, 613~681, 69세) 스님에 의해 정토종(淨土宗)이 세워질 때에 혜원 법사가 초조(初祖)로 모셔졌다. 출가하였을 때 세운 첫 번째 원은 이렇게 해서 맺어진 것이다.
　선도(善導, 613~681, 68세) 스님의 정토 수행 방법으로 다섯 가지 정행(正行)이 있다.
　① 정토 경전을 독송하기
　② 정토 세계와 아미타불을 관상(觀想)하기

③ 아미타불 전에 예불 올리기
④ '아미타불' 하고 칭명염불(稱名念佛) 하기
⑤ 아미타불 전에 찬탄 공양하기

우리 나라의 정토신앙 역시 중국과 대동소이하다. 그러나 일본의 정토사상은 중국·한국과 크게 다르다. 법연(法然, 1133~1212) 스님과 친란(親鸞, 1173~1262) 스님에 의해 주창된 나무아미타불 염불은 일본 특유의 전수염불(專修念佛) 법이다. 말법(末法) 시대에 인간 구원의 새로운 길은 한결같이 아미타불의 본원(本願)에 목숨 다해 귀의할 뿐이며, 달리 지계(持戒), 독경(讀經), 예불(禮佛), 공양(供養) 등은 생각조차 없다. 이것은 말법 시대를 살아가는 무명 중생의 죄악과 타락상이 너무나 짙기 때문이다. 이 주장에 따르면 지켜야 할 계가 없어졌기 때문에 지계(持戒)니 파계(破戒)니 하는 말은 있을 수도 없다. 예컨대, 좌복(坐服)이 있어야 새 좌복과 헌 좌복의 구별이 있다.

좌복이 없어졌기 때문에 그런 이름이 없다. 이만큼 지켜야 할 계마저도 없어진 처절한 말법 시대, 그래서 전수염불(專修念佛)에 매달릴 수밖에 없는 것이다.

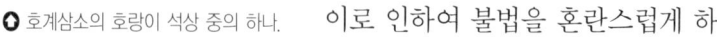
○ 호계삼소의 호랑이 석상 중의 하나.

이로 인하여 불법을 혼란스럽게 하

는 과격한 주장이라는 비난을 받아 대다수 지도자들은 유배를 당하였는가 하면 몇몇 제자는 결국 사형을 당하기도 하였다. 혜원 법사에 의해 시작된 아미타불 염불회가 일본에서 크게 꽃피운 정토진종(淨土眞宗)의 초창기 이야기이다.

용생용 봉생봉(龍生龍 鳳生鳳)인가. 스승 석도안 법사가 역사적인 격의불교(格義佛敎) 시대를 종지부 찍고 중국 불교의 진로를 바로 잡았다고 한다면, 제자 혜원 법사는 한 종파를 크게 일구어 냈다.

두 번째 원 역시 아미타불 염불 외에 역경(譯經) 사업으로 잘 나타나 있다. 국가적인 역경 사업이 아니고 한 사찰에서 한 스님에 의해 이뤄진 역경 사업으로 보기에는 놀라우리만큼 방대하다.

혜원 법사는 역경에 실력이 있는 스님을 모실 때에는 천리길을 멀다 하지 않고 모셔오는 데에 예의를 다 갖추었다.

멀리 강남에 머물고 있던 담마제(曇摩提) 스님, 승가제바(僧伽提婆) 스님 등이 이렇게 해서 동림사 역경 사업에 동참하였다. 기존의 불경 번역본이 잘못된 것은 새로 번역을 착수하기도 하였다.

궁중에 머물면서 역경 사업에 힘쓰는 구마라습 삼장을 흠모한 혜원 법사는 편지를 써서 보냈다.

구마라습 삼장은 혜원 법사의 정성에 감동하고 자신의 번역본 《대지도론》을 토대로 그 요지를 뽑아 20권의 책을 지어 학인 학습에 도움이 되도록 하였다.

혜원 법사를 이야기 할 때에 빼놓지 않고 떠오르는 것이 《사문

불경왕자론(沙門不敬王者論)》과 '호계삼소(虎溪三笑)'이다.

환현(桓玄)은 말하였다. 출가 사문은 왕에게 예를 올려 절을 해야 한다는 주장이다. 요즘 세태에서 살펴보면 스스로 현직·전직 대통령 앞에 나아가서 이야기를 나눈 일을 자랑으로 삼고 있으나 천오백여 년 전의 혜원 법사에게는 출가자의 기상이 살아 있었다. 이것이 만대를 두고 역사가 흐르더라도 혜원 법사에게서 배울 수 있는 큰 교훈이다. 그는 5권의 《사문불경왕자론》을 지어 스님이 왕에게 절하는 일이 사라지게 한 고고한 스님이다.

이 일은 스승 석도안 법사가, 진정한 출가자는 속성을 쓰지 않고 석가모니 부처님의 혜명(慧明)을 잇는다는 뜻에서 석(釋)씨를 쓰도록 한 일과 일맥 상통하는 것이다.

혜원 법사가 여산에 머물기 37, 8년 그는 '산문 밖으로 그림자조차 내보이지 않고 발자취를 마을에 들여놓지 않을 만큼〔影不出山 跡不入市〕' 세속과 인연을 멀리하고 지냈다. 이른바 '호계삼소'로 회자되고 있는 일화이다. 이러한 배경에는 유불선(儒佛仙) 삼교가 대립이 아닌 융화의 길을 걷고 있었다는 사실을 알려주고 있으며, 특히 혜원 법사의 덕(德)이 사회에 미친 영향을 말해주는 한 예이다.

호계(虎溪)는 절 앞에 30m 쯤 떨어져 있는 개울 이름이다. 혜원 법사의 평소 습관은 경행(經行)을 하면서 이 호계를 건너지 않고 절 안에서 지내는 걸 신조로 삼고 있을 만큼 철저하였다.

그러나 이변이 생겼다. 당대의 세 명의 명사 - 유교의 도연명(陶淵明), 도교의 육수정(陸修靜), 불교의 혜원 법사 - 는 동림사에서 만나 담소를 나누고 헤어질 때였다. 혜원 법사가 배웅하던 차에 그만 담소에 정신이 팔려 호계를 넘어서고 말았다. 평생 호계를 넘어서지 않겠다고 다짐해온 혜원 법사로서는 뜻밖의 일이었다.

"이봐요! 호계를 넘어 섰어!"

이 때 누군가가 혜원 법사를 가리키며 외쳤다.

"하하, 하하하."

세 사람은 크게 웃음을 터뜨리며 하늘을 향해 배꼽을 잡고 어쩔 줄 몰라했다.

이 장면이 천진난만한 도인들의 모습으로 표현되었다. 풍류객은 이 장면을 묘사해 그림으로 그렸고, 혹은 시로 써서 찬탄하였다.

참고로 말한다면, 동림사에서 구한 여산 안내서에서, 호계삼소의 고사는 예술의 창작이지 역사적 사실로 믿어지지 않는다고 이를 증명한다. 세 명사가 한 자리에서 만난 것은 사실조차 없다는 지적이다.

십년 전쯤에 서울에서 비구니·수

○ 고고한 출가 기상을 온몸으로 내뿜고 있는 혜원 법사의 법상.

녀·원불교 교무 등 세 종교 지도자가 모여 음악회를 준비한 자리에서 음악회 이름을 지을 때에 현장(玄藏) 법형과 함께 '삼소회(三笑會)'라고 권하여 혜원 법사의 '호계삼소' 정신을 잇고자 하였던 기억이 있다. '호계삼소'의 삼소(三笑)는 오늘도 영축산 경봉(鏡峰) 선사의 처소 삼소굴(三笑窟) 등으로 만나면서 선가(禪家)의 일화로 전해오고 있다. 이것은 법사의 고고한 출가 정신이 살아 있다는 내력이며 그래서 '호계삼소'는 역사적 사실과는 상관이 없이 힘이 있다.

구화산 지장성지(上)

지난 9월 9일, 지장왕(地藏王) 보살로 모셔지는 교각(喬覺, 696-794) 스님의 추모재가 있었다. 장소는 경기도 남양주시 소재 '소구화산(小九華山)'으로 명명된 백천사 경내 〈교각 스님 기념관〉 앞에서였다. 뒤늦게 나마 교각 스님의 모국에서 작년에 이어 올해 두 번째 '헌다례'를 올리게 된 점을 다행으로 여겼다. 저녁에는 가수 송창식 등이 열창한 멋진 음악회가 있었고 밤 9시 9분에 맞추어 하늘에 폭죽을 터뜨리는 것으로 기념 행사는 절정에 다달았다. 동참한 소감은 한 마디로 퍽 감동적이었다.

중국 구화산(1,342m)에 참배한 인연을 이야기 하기 전에 재미있는 99 이야기를 먼저 할까 한다. 구화산 봉우리가 99 봉이고 여기서 75년 동안 수행하시다가 입적한 교각 스님의 세수가 99세이다. 금년이 99년이고 추모재일이 9월 9일(음력 7월 30일)인 까닭에 으뜸 가는 길일(吉日)이라고 해서 중국의 신혼객 수십 쌍이 제주도에까지 몰려와 결혼식을 치뤘다는 소식이 있다.

나그네가 구화산에 여장을 풀고 2박3일 머물렀던 곳은 화성사

방생지 옆 객사였다. 《구화산지(九華山志)》를 펼치다가 문득 고개를 들면 창 밖으로는 백세궁(百歲宮) 동봉이 한눈에 들어왔다. 계절은 한여름, 해가 뜨고 지는 시간에는 방생지 수면 위로 비치는 하늘빛이 그렇게 아름다울 수가 없었다. 이 방생지는 옛날 교각 스님이 논 농사를 지을 때에 저수지로 쓴 곳이라고 한다.

백세궁은 126세까지 살다가 교각 스님의 뒤를 이은 육신 보살(肉身菩薩) 무하(無瑕, 1498~1623) 스님의 도량. 육신 보살은 그 뒤로도 구화 산중에서 대홍(大弘) 스님, 자명(慈明) 스님으로 이어졌다.

무하 스님은 26세 때에 오대산에서 이 곳까지 걸어서 오는 데에 7개월이 걸리는 고행을 하신 분으로 알려져 있다. 근세 허운(虛雲, 1840~1959) 스님은 이보다 한층 고행을 하여 3보1배로 3년이 걸렸으니 당시 나그네가 죽을 고생으로 두 눈이 띵띵 붓고 기력이 떨어져 중환자 신세였지만 이런 선인들의 모범을 생각하면 대수롭지 않은 편이었다. 구화산의 이름은 시선(詩仙) 이백(李白)의 시구절에서 시작되었다. 구화산을 좋아해서 세 차례 참배한 이백은 합작 시회(詩會)

❍ 옻칠을 먹인 다음 금분을 입힌다. 금분을 입히기 전의 교각 스님.

에서 이렇게 노래하였다.

妙有分二氣
靈山開九華
미묘하구나, 기가 둘로 나눠짐이여
영산은 아홉송이 연꽃을 꽃 피웠네.

좌중에서 탄성을 지르며 기뻐하자 시회를 마무리 하면서 본래 구자산(九子山)을 구화산으로 개칭한다는 글을 이백이 직접 썼다. 이 시기는 물론 교각 스님이 구화 산중에서 피나는 정진을 하고 있을 무렵으로, 두 거장이 동시대에 살고는 있었으나 해후 상봉을 하였다고 보기에는 약간 무리지 않나 싶다.

이로부터 약 360년쯤 지나서였다. 화두선(話頭禪)의 야전 사령관격인 대혜(大慧, 1098~1163) 스님이 구화산에 와서 임제종의 가풍을 전하였다. 사람들은 이 큰 인연을 후세에 기리기 위해 대혜 스님을 정광불(定光佛)의 화신으로 모셨다. 그러나 이 불상은 아깝게도 문화혁명 폐불 기간에 사라지고 말았다.

구화산이 천하에 이름을 떨치고 있을 때에는 190여 군데 사찰에 5,000여 명 스님이 정진한 중국 4대 불교 명산으로 크게 알려졌다. 지금은 화성사 등 9군데 명찰을 중심으로 소천대(小天臺)를 비롯한 30군데 중점 보호 사찰 등 80여 군데 사찰에 700여 명 스님이 정진하고 있다.

다시 교각 스님 이야기로 돌아가 보자.

1991년 9월 국내외 고승, 학자, 종교가 등 40여 명이 구화산에 모여서 학술 발표를 가졌는데 그 내용은 《김지장 연구》란 책자에 잘 나와 있다. 이 외에도 우리 나라에 소개할 만한 자료는 서너 권쯤 된다.

구화산을 참배하면서 나그네는 어떤 사명감 같은 걸 뼈저리게 느꼈다.

우리 한민족 5,000년 역사상 가장 빼어난 인물, 특히 해외에서까지 대보살(大菩薩)이라는 성인의 지위에 오른 분을 꼽는다고 할 때, 어느 분이겠느냐 하는 것이다. 과문한 탓인지 몰라도 지장왕 교각 스님이 가장 우뚝 하지 않나 여겨졌다. 이 외에 머리에 떠오르는 분은 원효 스님, 의상 스님, 이순신 장군, 추사 김정희 명필 등이다. 중국에서는 1,200여 년이 지난 오늘날에도 민족과

◐ 한국 사람에게 가장 친근감이 드는 구화산 산문.

국경을 가리지 않고 지장전에 '지장 보살상' 대신으로 '지장왕' 교각 스님상을 모셔놓고 조석예불 때마다 공양을 올리고 있다.

지장왕 교각 스님! 그는 참으로 흙 속에 묻힌, 한민족의 역사에서 태양과 같이 빛나는 존재이다.

경전에서는 지장 보살을 이렇게 말한다. 석가모니 부처님이 입멸하신 뒤로 미래의 부처인 미륵 부처님이 오시기 전까지 사바세계 중생의 고통과 번뇌를 거두어 마음을 편안케 해 주시는 보살로, 다음과 같은 서원을 세웠다고 한다.

衆生度盡
方證菩提
地獄未空
誓不成佛
남김 없이 중생을 다 제도하고 나서
깨달음을 증득하겠으며
지옥이 비워지기 전에는
절대 성불하지 않겠다.

구화산 지장성지(下)

흙을 먹는 고행자

신라가 낳은, 우리 한민족 역사상 가장 출중한 인물 중의 한 분인 교각 스님 - 그는 속칭 '김지장(金地藏)'이라고 한다. 그럼, 지장 보살과 동일한 성인의 지위로 모셔진 데에는 그만한 무슨 까닭이 있을까?

물론 99세 평생 동안 진실한 구도자로서 거룩한 생애를 마친 데에 대해 적지 않은 비중을 두고 있지만……. 흰 흙을 약간의 곡식에 섞어 공양하면서 고행정진을 하였는가 하면, 더구나 입적 후 3년이 지나서 드러난 '육신 보살(肉身 菩薩)'이란 이적(異蹟)은 불보살의 화현이라는 사실로 굳게 믿도록 하였다.

첫째는, 교각 스님의 시신이 3년이 지나도 썩지 않고 생시 그대로의 모습이었다는 이적이다. 돌함 속에 밀봉되어 가부좌한 채로 모셔진 시신의 살결은 생시처럼 부드러우면서 손을 움직였을 때는 골절이 움직이는 소리가 마치 자물쇠를 열 때처럼 찰칵찰칵하고 소리가 울려 나왔다고 한다. 이로써《장경(藏經)》에서 말한 바,

'육신 보살' 출현의 한 징표가 뚜렷하다고 대중은 굳게 믿었다.

둘째는, 교각 스님 시신의 방광(放光)이다. 탑 안에 교각 스님 시신을 모셨을 때에 방광(放光)하는 모습이 마치 발광체에서 빛이 쏟아져 나오는 것처럼 환하게 밝았다고 한다. 대중은 이 탑이 선 고개 이름을 '신광령(神光嶺)'이라 부르게 되었는데 장소는 지금의 '육신보전(肉身寶殿)', 혹은 '월신보전(月身寶殿)'이라고 하는 불당이 서 있는 고개의 옛터이다.

이와 같은 교각 스님의 '육신 보살' 모습은 당시 사람들에게 하나의 쇼킹할 만한 화젯거리였음에 틀림이 없다.

"지장왕 보살 만세!"

"육신으로 이 땅에 오셨네, 지장 보살 화신이시어!"

누구 한두 사람이 이렇게 부르자고 한 게 아니라 성인으로서 아주 굳게 믿어져서 입에서 입으로, 마을에서 마을로 전해져 온 대중이 자연스럽게 '지장 보살 후신', '지장왕'으로 모셨는데……. 특히 배타성이 강한 중국 사람의 그

◐ 신광령으로 오르는 81돌계단. 위에는 장엄한 육신보전이 서 있다.

자존심에서 변방 신라 사람에게 불보살의 성인 칭호 '지장왕(地藏王) 교각 스님' 이름이 붙여진 것은 정말 대단한 것이다. 2천년 중국불교사를 통틀어 보아도 이만큼 '육신 보살'로서 높이 받들어져 지금까지도 변함없이 조석예불 때마다 모셔지는 고승은 다시 없지 않나 싶다.

지장 보살 육신 보살

'지장' 이란 말의 뜻풀이는,
- 지(地) : 참기로 말한다면 대지와 같이 편안히 잘 참고(安忍如大地)
- 장(藏) : 선정 삼매의 깊이로 말한다면 비밀 창고와 같다(靜慮如秘藏).

라고 《대승대집 지장십륜경(大乘大集 地藏十輪經)》에서 말하는데, 인욕과 선정을 몸소 구현한 성인이다. 어떤 때에서는 '옷을 모조리 다 이웃에게 주었기 때문에 제 자신은 철저한 무소유자로서 땅 속에 알몸뚱이를 숨겨야 한다'는 뜻으로 지장(地藏) 보살이라는 설이 있다. 제 입을 옷이 없을 만큼의 무소유자 - 그분이 바로 지장 보살이다. 그래서 누구보다 가장 큰 원력을 가졌다는

○ 1991년 9월 9일. 교각 스님의 열반재일에 교각 스님의 생애를 재조명하는 국제 학술회의가 열렸다.

뜻으로 '대원본존(大願本尊) 지장보살' 하고 조석예불 때마다 찬탄의 예를 올린다. 한 중생도 버리지 않겠습니다, 지옥이 텅 비워지기 전에는 결코 혼자서 성불하지 않겠습니다…….

이와 같은 성인이 바로 교각 스님이라고 볼 때 - 그가 일찍이 신라 경주에서 국왕 김씨의 근족으로 태어나면서 애초부터 대장부형이었다는 사실이 믿어졌다. 당나라 때 비관경(費冠卿)이 기록한 《구화산 화성사기(九華山 化城寺記)》에서는,

"정수리가 높이 솟아올라 특이한 두골상이었다. 신장은 일곱 척 장신이었고 힘이 세서 백 명도 당하기 어려울 만큼 강하였다." 라고 하였다. 또 《신승전(神僧傳)》에서는,

"용모는 험상스러웠으나 마음이 퍽 인자스러웠고 천연스러운 성격에 총명한 머리였다." 라고 묘사하였다.

스님이 24살 때였다. 그는 하루 아침에 왕족의 호의호식 생활을 마다하고 입산출가하여 구도의 길에 들어섰다. 이것은 주변환경의 혼란스러움 때문인 것으로 알려져 있다. 흔히 역사극에서 등장하는 것처럼 권력 다툼으로 더러운 탐욕의 헛바닥이 차츰 자기 자신의 주변에 가까이 다가옴을 느끼면서부터 입산을 결심한 것이다.

출가하여 오래지 않아 그는 짐 속에 볍씨, 작설차 씨 등을 챙겨 넣고 흰개 '선청(善聽)' 이를 데리고 뱃길로 중국으로 건너갔다.

처음 닿은 곳은 강남 땅이었다. 남릉 마을 등을 거쳐서 북향해 최종 목적지 구화산에 닿았다. 이 곳은 아마 전생에 살았던 인연의 땅인지도 모른다. 여행 중 꿈 속에서 본 구도의 땅 영산(靈山)

을 백방으로 수소문하여 찾아간 곳이 바로 구화산이었다.

땅 주인 민양화(閔讓和) 거사 역시 전생부터 인연이 깊은 사람이었는지 산을 보시하였고, 거사의 아들 도명(道明)이 교각 스님을 의지해 출가를 한 점이 특이하다. 지금도 지장왕 보살상 좌우 협시 시자로 부자가 나란히 모셔져 옛 사실을 말해준다.

전하는 바에 따르면, 교각 스님이 구화산에 들어와 동애(東崖), 속칭 사신애(捨身崖)라고 하는 아스라하게 높은 절벽 위에서 정좌(靜坐)를 하고 지낼 때에 그 자세가 독충이 살갗을 몹시 쏘았어도 한치 흐트러짐이 없었다고 한다. 무념무상(無念無想)!

이 때 산신은 교각 스님의 정진력에 크게 감동하고 여인의 몸으로 변신해 약을 갖다 바치면서,

"제가 무지(無知)하여 철이 없는 일을 하였습니다. 여기 샘물로 다소 목을 축이십시오." 하고 절을 올렸다.

이 때였다. 교각 스님이 앉아있던 자리 옆에서는 홀연 바위가 쫙 갈라지면서 맑은 샘물이 콸콸 흘러넘쳤다고 하는데 당시 산골 사람들은 이 일을 두고, 구화산신이 감동하여 공양을 올린 조화라고 하는 이야기로 회자되었다.

지장 보살의 화신 교각 스님 - 그의 수행력과 덕화가 지극하기 짝이 없어 신화적인 인물로 묘사되는 등 천이백 년이 지난 오늘날에도 아직껏 중국 사람의 가슴 속에 살아 숨쉬고 있다.

낙양 백마사

가장 오래된 사찰

길 떠난 나그네에겐 적은 기쁨도 기억에 오래 남는다. 더구나 여행길에서 뜻하지 아니하게 복을 누렸을 때에는 더욱 그러하다.

달마 참선법의 개산지가 숭산 소림사이고, 경전과 계율의 개산지는 북망산 백마사. 그러고보니 선교(禪敎) 경율(經律)의 개산지가 바로 이 곳 중원에 집중되어 있다.

백마사(白馬寺)는 해인사 강원시절에 《42장경(章經)》을 공부하면서부터 무척 동경을 해왔던 절이기도 하다. 《42장경(章經)》이 번역된 역경원이며 이 경을 번역한 축법란(竺法蘭), 섭마등(攝摩騰) 스님네의 묘탑이 아직도 남아 있기 때문이다. 백마사는 그만큼 비중이 큰 곳이지만 달마 스님 이하 역대 조사가 거쳐간 선종 사찰 위주로 참배 일정을 잡다보니 부득이 이번 여행 계획에서는 빠져 있었다.

헌데 백마사 참배에 인연이 있었던지 의외로 쉽게 이뤄졌다. 소림사에서 아침을 먹고 출발해 달리는 버스 안에서 차창 밖을 무심코 내다보다가 문득 백마상(白馬像)이 서있는 백마사를 발견하였다. 관세음보살! 나그네는 황급히 차에서 내렸다. 오늘은 의외로 힘도 안 들이고 중원의 최고(最古) 명찰 백마사에 닿은 것이다.

전하는 바에 의하면, 중국에서 최초로 창건된 사찰로 백마사(白馬寺)가 꼽힌다. 이 절의 위치는 낙양 동쪽 10km 지점으로, 뒤로는 북망산(北邙山)을 배경으로 하고 앉아, 남으로는 낙하(洛河), 동으로는 낙양시(洛陽市)를 바라보고 있다. 전체로 보면 중국 중원(中原)에 해당하는 수승한 땅이다.

진(晉)대에 도연명(陶淵明)의 의고시(擬古詩)에서, '하루 아침 일백 살이 된 뒤로(一旦 百歲後) 어김없이 북망산천 돌아가네(相

◑ 백마사 산문 입구.

與 還北邙)' 하는 대목이나, 경허 스님은 참선곡에서,

 홀연히 생각하니 도시몽중이로다. 천만고 영웅호걸 북망산 무덤이오
 부귀문장 쓸데없다, 황천객을 면할소냐? 오호라 이내 몸은 풀 끝의 이슬이오…….

 하고 북망산과 관련지어 인생무상을 노래하였다. 북망산은 바로 백마사 뒷산의 이름이다.
 창건 설화는 명제가 꿈에 부처님을 뵌 데서 시작된다. 어느 날 밤 명제가 침상 위에 누워 깊은 잠에 빠져 있을 때 문득 금인(金人)인 부처님이 꿈에 나타나 보였다. 이튿날이었다. 해몽을 하고

◐ 백마사의 상징물인 백마상. 지금은 산문 입구로 옮겨져 있다.

나서 신하들의 의견을 묻고는 곧 불·법·승(佛法僧) 삼보(三寶)를 모셔 오도록 멀리 인도로 신하를 보냈다.

그리하여 신하 일행의 권청에 따라 인도 스님 축법란, 섭마등 두 스님네가 서역에서 낙타 등에 불상과 경전을 싣고 중국에 온 때가 67년. 역사상 최초로 삼보가 중국에 전해진 시기를 보통 이 시기로 잡고 있다. 물론 이 이전에도 실크로드로 대상들을 통해 불교가 전파된 일은 있었다.

명제는 칙명으로 낙양성 서옹문(西雍門＝西陽門) 밖에 정사(精舍)를 지어 초제사(招提寺)라 이름하고 이 곳에 스님네를 모셨다. 백마사 창건 연대는 동한(東漢) 명제(明帝) 영평(永平) 18년(서기 75년) 이다.

🔼 인도에서 불법을 최초로 전한 섭마등 스님의 묘소.

백마사의 역사

그럼, 백마사란 이름은 어떻게 생겼을까?《양고승전(梁高僧傳)》에서는 절의 역사를 이렇게 말하고 있다.

인도에서는 부처님을 모시고 법을 설하는 도량을 '정미롭게 마음을 닦는 집'이란 뜻으로 가람〔伽藍〕, 정사(精舍)라고 하였다. 가람은 인도말 그대로의 한자 음사이고, 정사는 중국말 뜻번역이다. '사(寺)'는 본디 외국 귀빈을 모시는 관청의 객사에 붙인 말이다. 절이 창건되기 전에는 인도의 두 스님네를 여기에 모신 관계로 자연스럽게 사(寺)란 말이 붙게 되었다. 우리 나라의 경우, 아도(阿道) 화상을 모례(毛禮)란 거사의 민가 집에 모셨기 때문에 모례의 옛말 '털레'가 절로 바뀐 것으로 추정하고 있다.

초제사가 창건된 지 오래지 않아 법난 훼불 시기를 만나 다른

○ 분경대 유지(焚經台 遺址).

절과 함께 폐사가 될 위기에 놓여 있을 때였다. 어느 날 한밤중이었다. 칠흑 같은 어둠 속에서 난데 없는 흰말 한 마리가 탑 주위를 빙글빙글 돌며 '히이잉, 히이잉' 하고 몹시 구슬프게 울었다. 기이하게 여긴 왕은 이를 길상으로 생각하고 초제사를 폐사시키는 일을 중단 하도록 하고 절 이름을 백마사로 바꿔 부르도록 하였다. 뒷날 중국 천하에 절이 세워지면서 동명인 백마사로 부른 절이 많아진 이유는 이런 길상의 뜻 때문이다.

백마사는 부처님 당시에 세워진 인도 최초의 절 죽림정사(竹林精舍)를 기준 삼아 탑을 세우고 전각 안에 벽화를 그려 넣었다고 한다.

서양에 최초로 전해진 불경이 《법구경》이라면, 중국에 최초로 전해진 불경은 《42장경》이다. 이 《42장경》을 번역한 인도 두 스

○ 중국 제일 고탑(古塔)인 백마사 제운탑.

님네의 묘탑은 절에 막 들어서자마자 살펴볼 수 있도록 좌우 위치에 배치되어 있으며, 특이하게도 스님네의 전신이 석각 음각으로 새겨져 있는 비석이 서 있다. 역경원은 이후로 축법호(竺法護), 불타다라(佛陀多羅) 등 많은 고승에게 계승되어 유명한 역경원으로 발돋움하였다.

또 다른 탑은 절의 동쪽에 선 제운탑(齊雲塔)이다. 당대 장종(庄宗 923~925)이 세운 것으로 이 탑의 형식은 9층 목탑(木塔)이었다. 뒷날 전란으로 불타 없어졌다가 현재에는 청대에 중수하여 세운 높이 24m의 13층 전탑(塼塔)으로 남아 있다.

백마사의 오랜 역사는 중국 불교사의 영고성쇠와 함께 흥망을 같이 하였다. 선종(禪宗)은 당대에 여러 선사 스님네가 이 곳에 와 뿌리를 내렸고, 화엄종은 금대 말기에 교화 활동을 펴기도 하였다. 역대 여러 차례의 법난, 최근의 문화혁명 파불시기 동안에도 몇몇 안 되는 고찰과 함께 간신히 위기를 넘겼으나 내용에 있어서는 폐사지경에 가까웠다는 이야기를 전해들었다.

백마사의 초기 성격은 북위 이래 북조 불교(北朝佛敎)의 중심지였다. 사원 건조물은 웅장하고, 스님네는 일천 명 대중으로 대단했다. 현존하는 전각은 천왕전(天王殿), 대웅전(大雄殿), 접인전(接引殿), 비로각(毘盧閣) 등이며 중원(中原)의 최고 불교성지로서 손색 없이 남아 있다.

보타산 관음도량

해상불국(海上佛國)

중국이 사대 불교성지, 오대명산 하면서 몇 개씩 묶어 도식화하기를 좋아하는 건 분명 우리네 취향과는 다르다.

중국과 일본이 유독 그런 반면 우리네는 그저 그런식으로 넘기는데 아마 숫자에 대한 개념이 희박하다기보다는 딱딱하게 가두어서 도식화하는 걸 싫어하는 성품이라고나 할까. 우리 나라에도 삼보종찰, 32대 본산 이라고 하는 말이 있으나 이러한 말은 일제 때의 유습이고 보면 더욱 그런 도식화 관계를 실감한다.

보타산(普陀山)은 닭 모양을 한 중국 본토 사방의 위치에 따라 동관음(東觀音), 서보현(西普賢), 남지장(南地藏), 북문수(北文殊) 등의 배치 가운데 동쪽 바다에 있는 중국 사대 불교성지의 하나이다. 보타산은 인도에도 동명으로 있고 우리 나라에도 물론 있다. 성지 순례 중에 나그네가 머문 주소지를 '전남 순천시 송광면 신평리 조계산 송광사' 하니, 깜짝 놀란 이가 있다. 어쩐지 한자를 잘 알고 중국 역사에 해박하다는(?) 놀라움을 금치 못하면서 나그네를 중국인으로 착각한 것이다. 그도 그럴 것이 전남(全南), 순천(順天), 송광(松光), 신평(新坪), 조계산(曹溪山), 송광사(松廣寺) 어느 지명이나 중국에 동명으로 있기 때문이다.

해상불국 보타산. 안내 책자의 제목이다. 하여간 '해상불국'은 똑 떨어진 이름이라는 생각을 하면서 '보타산 12경(景)'에 자리한 보타산 삼대 관음도량의 첫 번째인 보제(普濟)선사 객당에서 일박하였다. 군대 내무반을 닮은 객당 침대에 배낭을 내리고 앉아있자니 여기저기 침대에서 일곱, 여덟 명의 객승들이 이야기를 나누다가 나그네에게 호감을 갖고 말을 걸려고 성큼 다가오는 이가 있었다. 이렇게 해서 여느 때처럼 또다시 수인사와 이런저런 여행담으로, 혹은 한국 불교 현황에 대해 묻는 이에게 대답하는 시간이 시작되었다. 한국 불교를 묻는 이에게, 대중 스님들과 대웅전 앞에서 찍은 결제 사진 한 장을 이들 앞에 내보일 때에는 하나같이, 우리와 별다르지 않네, 하는 눈치로 눈여겨 본다.

잠시 왁자지껄한 객담이 오고가다가 잠을 잘 시간이

◐ 향·초꽃이 용도로 큰 법당 앞 좌우에 배치되어 있는 멋진 향탑(香塔)의 하나. 바닷 바람이 거센 보타산에는 이런 향탑이 흔하다.

온다. 모기장 안에 누워서 일기를 쓰는 시간은 늘 즐겁다. 귀찮지만 먹을 직접 갈아서 성지 순례 일기를 쓰는 순간 문득 묵향 속에서 묻어나오는 추억이 있다. 서당에서 하늘천 따지를 그림 그리듯 붓으로 그렸던 어느 해 겨울 아침이다. 홍시 맛도 어찌나 좋았던지 모른다. 서당에서 집으로 돌아오면 농짝 높은 곳 맨 위에서 홍시를 내려서 주신 노보살님이 이제도 몸성히 계신지 궁금해진다. 나무관세음보살!

보타산 일기

8월 15일 성기육(聖期六, 土)

지난 해에는 심가문(沈家門)까지 왔다가 보타산을 눈앞에 두고 그냥 돌아간 적이 있다. 일기불순으로 바다 뱃길이 좋지 않았기 때문이다.

오늘은 새벽 시간에 찰밥덩이를 길에서 파는 데가 있어 이걸 먹고 다시 기운이 회복되었다.

- 주소 : 절강성(浙江省) 영파시(寧波市) 정해현(定海縣) 보타산 보제선사
- 방장 : 妙善 대화상
- 전화 : 0580-6092-331
- 바로 가는 길 : 항주(抗州) 〈무림문(武林門)〉에서 출발하는 직행버스를 타고 보타산 앞 최대 어항〈심가문〉까지 가는 길을 이용해야 수월하다. 그렇지 않고 고생고생하면

서 갈아타고 또 갈아타고 하는 초행길은 나그네가 처음 다녀온 코스이다.
- 중간에 갈아타는 길 : 항주 동참(東站) 출발, 직행버스로 고속도로로 가면 2시간. 영파 도착. 217km. 47원(元).
- 영파 동참 출발 : 일반버스로 육로, 뱃길(버스가 배안에 실려 간다)을 거쳐 2시간. 심가문 도착.
- 심가문 출발 : 10분마다 출발하는 쾌속정으로 뱃길 15분. 보타산에 도착.

916년의 일이다. 지금부터 약 천 년 전의 일이다.

관음성지가 된 보타산 내력을 자료에서 옮기면서 정리해 본다.

당대(唐代)의 장사 경잠(長沙景岑) 선사의 법문에 이런 말씀이 있다.

"관세음보살은 석가여래의 무연(無緣)자비 권화신(權化身)이다."

고통받는 중생이 일심으로 '관세음보살'을 부르면 그 고통은 곧 사라지고 편안해진다는 말은 법화경 관세음보살 보문품에 낱낱이 기록되어 있다. 이런 관세음보살상 일구를 문수성지 오대산에서 구하여 본국 일본에 봉안하려는 한 고승이 있었다. 헌데 도중에 풍랑이 너무 심하여 배는 보타산에 기항하고 말았다.

"이것이 다 인연이로구나!"

세 차례나 중국을 왕래하면서 구법의 길에 나섰던 혜악(慧鍔) 스님은 일본으로 가려던 발길을 거두고 인연의 땅 보타산에 관세음보살상을 봉안하도록 하였다. 최초에 세워진 절 이름 역시 불긍거관음원(不肯去觀音院)으로, 다른 데로 가시지 아니하고 기꺼이 이 곳에 오신 관세음보살님을 모셨다는 뜻이다. 이런 보타산이 차츰 알려져서 '관음도량'으로 공식 발표된 때는 1214년이다.

정상은 백화정(白華頂)으로 해발 291.3미터인데 '보타산'으로 명명된 때는 1605년 명나라 만력 33년의 일이다. 보타는 보타낙가의 준말로, 범어로 potalaka, 미려(美麗)한 소백화(小白華)의 뜻을 가졌다. 보타산 동남쪽에는 또다른 작은 섬 낙가산이 있다. 보타산의 명물 중의 하나인 바위에 음각된 심(心)자 글자 한 자는 폭이 7미터, 심(心)자 점 하나에 사람이 일곱 여덟 명이 들어갈 정도로 크다. 8만 대장경을 한 마디로 요약한다면 바로 마음 심(心)자 한 자라는 뜻이다. 관세음보살도 우리 마음이지 이 마음 밖에 달리 있지 않다. 참배객들은 다투어 손가락으로 음각 심(心)자를 한 차례 쓴다. 경사진 바위 위에 힘들게 서서 이 심자를 일심으로 쓰면 관세음보살이 도와주어서 소원을 성취한다는 믿음을 가지고 있다.

인도에 있는 보타낙가산 관음도량은 삼장법사 현장스님의 기록에도 나타나 있다. 재미있는 점은, 그 인도 성지가 멀어서 중국 불자들은 이 곳을 보타산 관음도량으로 정하고 성역화하는 뛰어난 발상을 가졌다는 사실이다. 게다가 해마다 국내외 불자들이 구름같이 많이 동참하는 삼대 불사일을 정해서, 음력 2월19일, 6월19일, 9월19일로 관세음보살 탄생일, 출가일, 성도일 등 다채로운 행사를 주관하는 기획도 역시 중국인답구나, 하는 감탄을 터뜨리게 한다. 이 행사는 역사상 일본, 미얀마, 태국, 인도네시아 등 주변 국가와 문화 종교 우호관계를 맺는 교량역할을 하는 데 크게 한 몫을 하고 있다.

아미산 보현도량

일출의 장엄함

 장엄한 낙조(落照)를 본 적은 있으나 장엄한 해돋이를 본 적은 아미산 말고 다시 없다. 그것도 한 번이 아니고 거듭해서 구름 속에서 두 번, 세 번, 네 번 연출하는 장엄한 해돋이는 두고두고 기억에 오래도록 남아 있다.

 아미산은 세계에서 특별한 해돋이 명소로 알려진 산이다. 광학상(光學上) 연구 대상으로, 어떻게 그렇게 자연이 아름다울 수가 있는가 하는 것이다. 구름만 가지고 그렇게 아름다운 게 아니고 산만 가지고 그렇게 아름다운 게 아니다. 겹치는 구름 속에 쌓인 수많은 산봉우리가 한데 어우러져 신비스런 진풍경을 드러내는 게 꼭 별천지 세계이다. 가만히 장엄한 해돋이를 바라보고 있노라면 내가 해인지 해가 나인지 모를 무아지경(無我之境)이다.

 처음에는 소년의 볼에 떠오르는 부끄러움 같은 홍조가 동녘 하늘에 번지기 시작했다. 이 때가 고산의 냉기로 뒤덮인 고요한 시간이다. 헌데 이 때를 기준으로 밝아지는 하늘 빛깔과 함께 산새의 노래소리가 들리면서 차츰 깨어나기 시작한 하늘은 온통 빛의 조화로 가득 찼다. 부드러워서 똑바로 바라볼 수 있는 햇볕은 짧은 시간에 가지가지 아름다운 모양의 구름을 황금빛으로 물들였다가 사라지고 물들였다가 사라지고 하는 장관을 몇 번이고 연출한다. 날이 밝아지면서 쏘는 듯한 햇볕을 받을 때에는 해돋이가 이미 끝난 시간이다. 듣자니 프랑스의 실내 장식가가 솜씨 있게 꾸민 간접조명이 퍽 유명하다고 하지만 만일의 경우 그가 아미산의 장엄한 해돋이를 와서 보고 조금만 본딴다고 해도 선경(仙境) 같은 분위기를 그대로 연출할 수가 있을 것이다.

자연이 대우주라면 몸은 소우주이다. 자연은 이렇듯 빛과 소리로 주로 장엄하는데 몸은 장신구와 향수로 장엄한다. 허나 부처님은 이와 다르다. 지혜와 덕을 원만히 갖추신 분답게 어떤 장식이 없이도 장엄한다. 이와 달리 관세음보살, 문수보살, 지장보살, 보현보살 등 사대보살 같으신 성인은 입니입수(入泥入水) 화광동진(和光同塵)으로 장신구를 몸에 두르고 치장을 한다. 왜 그러냐 하면 교화해야 할 중생이 좋아하는 쪽에 관심을 보여서 수순(隨順)해야 하는 방편 때문이다. 연꽃을 따려면 어찌 손과 발에 진흙을 안 묻힐 수가 있으며 옷이 물에 젖지 않을 수가 있을까. 이게 입니입수이다. 또한 제 빛나는 덕의 광명을 깊이 숨기고 어둡고 더러운 번뇌 티끌 속에 돌아와 여기에 살고 있는 중생과 동화되어 한 색깔이 되고 한 무리가 되어 수행의 길에 나서는 것, 이것이 보살의 화광동진이다.

다같이 부처님의 분신으로 볼 때 관세음보살은 자비의 화신이고, 문수보살은 지혜의 화신이고, 지장보살은 원력의 화신이고, 보현보살은 행원(行願)의 화신으로 이해된다. 여기에서 보현보살의 근본 도량과 장엄한 해돋이로 유명한 아미산과의 관계를 이해하는 데는 쉽게 와 닿는 그 무엇이 있다. 수행력이 뛰어나서 몸으로 자비봉사(慈悲奉仕)하는 행원의 미덕이 사바세계를 장엄하게 한 까닭이다.

아미산의 해돋이가 장엄하듯이 보현보살의 자비봉사 행원의 미덕은 수행 정진하는 구도의 노정을 장엄한다. 보현보살의 십대행원(十大行願)으로 세상의 어두운 구석이 밝아지고 보현행원의 덕담 미담이 이웃에 전해지면서 어둡고 추운 지옥의 구석구석까지도 삶의 밝은 빛줄기와 따사로움을 느낄 수가 있기 때문이다.

아미산의 지리와 역사

나그네는 방편으로 두 학기 학생 신분을 얻어 중국 대륙을 순례하였다. 지도에서 살펴보니, 어학을 잠시 수학한 산동 연대(烟臺) 대학에서 아미산까지, 그리고 광동 조계산 남화사에서 아미산까지, 다시 산동 연대 대학에서 광동 조계산 남화사까지, 이 세 지점은 삼각형을 이루면서 한 변이 각각 2천 700 혹은 2천 800킬로미터의 거리이다. 그런 까닭에 마지막 참배지 조계산 쪽으로 가깝게 온 듯 생각하였으나 거리는 역시 처음 출발지와 똑같아진 것이다. 사흘밤 사흘낮을 차를 타고 가는 칠천리 길 먼 거리 순례는 대륙에서나 느낄 수 있는 진기한 경험이다.

◐ 아미산 순례도.

남방 아열대 무더운 기후는 굵직굵직한 나무의 숲이 짙은 게 특징이다.

아미산 정상 금정(金頂)은 삼천 고지이며 광명산(光明山)이라는 다른 이름이 있다. 광명산은 해돋이의 장엄한 광명 모습에서 명명한 이름이다.

흔히 산을 묘사할 때에 쓰는 수식어로는, 남성적인 웅장 장엄함과 여성적인 미려 수려함으로 구분지어 어느 한쪽으로 기울어서 표현할 수 밖에 없다. 왜냐하면 웅장하면 수려하기가 어렵고 수려하면 웅장할 수가 없으며, 더구나 사람의 경우에 비유를 든다면, 남성의 건강미와 여성의 세련미는 실제로 겸하기가 어렵기 때문이다.

헌데 아미산에 와서는 이런 규칙이 소용 없어지고 낱낱 부분부분의 아름다움과 전체의 거대한 틀을 겸하여 참배객들을 놀라게 한다. 3,200종의 동물과 2,300종의 식물이 두루 분포되어 있어 하나의 식물원과 동물원이 될 아미산에는 절이 많은데, 이 가운데서 불교 행사 때마다 중추적인 역할을 해온 사찰은 보국사(報國寺)이고 규모로 보아 최대 사찰은 복호사(伏虎寺)이다.

이 곳을 즐기려면 대개 하루 이틀로는 부족하고 사나흘은 족히 잡아야 감이 잡힌다고 하는데 산 아래에서 천불정(千佛頂), 만불정(萬佛頂) 꼭대기까지는 50킬로미터로 정말 지칠 줄 모르면서 골짜기를 오르내릴 수가 있다. 광동에서 가는 길 역시 '아름다운 산천 계림(桂林)'을 지나가게 되는데 산수화 같은 창밖 풍경이 오랫동안 이어진다. 사천성 수도 성도(成都)에서 아미산시(蛾眉山市)까지 서남방 4백 리는 기차로 가고, 다시 아미산시에서 아미산까지 십리 반은 택시나 버스편으로 간다. 숙소는 어디가나 다른 명산의 경우보다 훨씬 깨끗하고 잘 정돈되어 있다.

안내책자의 내용을 그대로 옮겨보면, 아미산은 보현보살이 나타나 보이신 영장(靈場). 이런 보현보살의 모습은 980년에 거대한 청동상으로 조성, 만년사에 봉안하고 있다. 코끼리의 등을 타고 앉은 보살상의 높이는 7.85미터이며 국가보호 1급 문물이다.

더욱이 아미산은 1997년 12월에 '세계 자연 문화유산'으로 지정되어 빼어난 자연풍광과 불교 문화가 함께 어우러져 있다는 점으로 국내외에 크게 알려지고 있다.

초조 달마 대사의 조정(祖庭)
− 소림사(少林寺) −

　숭산 소림사(嵩山 少林寺)는 참선법(參禪法)이 처음 전해진 역사적인 현장.

　나그네는 달마(達磨) 대사가 아홉 해 동안 머물렀던 뒷산 달마동(達磨洞) 석굴을 참배하면서 초조(初祖)에서 육조까지 선사 유적 답사의 첫 발을 떼어 놓았다.

　숭산 소림사 참배길은 교통편이 비교적 수월한 편이다. 숭산은 중국 오악(五岳) 명산의 하나인 중악(中岳)으로 길이 잘 나있다. 오악 역산의 특징은 동쪽 태산(泰山)은 웅장하고, 서쪽 화산(華山)은 험난하며, 남쪽 형산(衡山)은 수려하고, 북쪽 항산(恒山)은 기이하며, 중앙 숭산은 오묘한 게 자랑이다. 그럼, 숭산이 오묘하다는 이유는 무엇인가. 첫째는 자연 경관의 오묘함이고, 둘째는 문화 현장의 오묘함이다.

　우선 자연 경관을 살펴보자. 하남성 등봉시(登封市) 경내에 크고 작은 72개 봉우리가 60km에 걸쳐 길게 가로누워 있는 복우산맥(伏牛山脈) 줄기에, 다섯 봉우리로 된 오유봉(五乳峰) 좌우에는 태실산(太室山, 1494m)과 소실산(少室山, 1512m)이 '오묘하게' 서 있다. 소심사의 '소림'이란 소실산 아랫자락 숲에 위치한다는 뜻이다.

다음으로 문화 현장이다. 선종 초조의 조정(祖庭) 소림사가 있고 도교 성지의 하나로서 '소고궁(小故宮)'이 있고 유학의 숭양서원(崇陽書院) 등 유불선이 한데 어우러져 있다.

또한 현존하는 탑 가운데 가장 오래된 불탑(佛塔)인 숭악불탑과 최고(最古)의 사찰 회선사(會善寺), 법왕사(法王寺), 가장 오래된 천문대(天文臺)인 주공 측경대(周公 測景臺)와 원대 관성대(元代 觀星臺) 등이 옛 중국 사람 지혜의 결정체로 남아 있다.

첫 인상은, 선(禪)의 본고장으로 초조 달마 대사 유적 몇 군데 외에 아예 무술의 본고장으로 변해버린 소림사임을 피부로 실감하였다. 고수(高手)만도 84명이고 소림사를 포함하여 주위에서 수련중인 무술 단련학생의 수효는 100개에 가까운 무술학교·관(館)·원(院)에 2만명을 헤아린다. 완전히 소림무술 일색이다.

이 소림무술의 원조는 선종의 시조인 달마 대사다. 그만큼 '선(禪)과 무(武)는 하나'라는 이야기이다. 인도의 요가에서 좌선의 기본 자세인 결가부좌가 나왔고 중국의 도교사상을 흡수하여 '역사적인 선(禪)'의 모습이 잡히게 된 배경을 이해한다면 쉽게 수긍이 갈 것이다. 요즘 '마음, 마음' 하고 마음만 닦는 걸 선으로 생각하는 건 큰 오산임을 알 수 있다. 초기 선의 모습처럼 몸과 마음을 동시에 다스려 가는 심신단련이야말로 달마 대사의 바른 가르침이 아닐까.

"깨달음으로 법칙을 삼는다.〔以悟爲則〕"

"이 몸뚱이가 없는 걸로 생각하고 법을 구하라!〔爲法忘軀〕"

선사의 깊은 뜻을 헤아리지 못한 초심자들은 이와 같은 결말을 따르면서

◐ 달마동 정상에 우뚝한 달마 스님상.

그야말로 '마음, 마음' 하다가 몸을 망치는 것이 큰 병통이다. 몸을 다스릴 줄 아는 이가 마음을 제대로 다스리게 된다는 사실을 달마 대사의 조정에 와서 새삼 느꼈다.

달마 대사의 본적에 관하여는 6세기경 인도 사람으로 남인도 향지국 셋째 왕자라는 설(說)과, 돈황을 거쳐서 중국에 온 페르샤 인이라는 설 등이 있다. 보다 정확한 사실은 달마 대사가 소림사 뒷산 달마동 석굴에서 면벽(面壁)을 하고 지냈다는 기록이다. 양무제를 만나 금강경의 '무소득(無所得)' 법문을 들려 준 전설적인 이야기도 다만 달마 대사의 법기(法器)를 드러내는 한 측면이 아닐까. 복을 짓고 복의 소득에 집착한 양무제와 확연하게 텅 빈 마음으로 이미 집착을 벗어난 자유인 달마 대사는 서로 어긋난다.

양무제는 불심천자(佛心天子)답게 제가 쌓은 가지가지의 공덕을 자랑삼아 묻기를,

"공덕은 얼마다 됩니까?" 하는데, 달마 대사는 한 마디로 대답한다.

◐ 절안에 볼거리를 장만하여 관람객의 눈길을 끌고 있다. 소림 무술, 달마권을 하는 모습들.

입설정(立雪亭) 전경. ◐

"없소.〔無〕"

여기서 양무제는 달마 대사를 '별볼일 없는 사람'으로 판단한다. 달마 대사는 이후 '율사(律寺)'인 소림사 뒷산 석굴에서 아홉 해 동안 면벽 정진에 들어간다. 2조 혜가(慧可) 스님과의 인연을 살펴보면, 혜가 스님은 달마 대사를 만나기 이전에 이미 장광설법(長廣說法)을 하는 법사였다. 달마 대사는 양무제와 헤어져서 소림사로 가는 길목에서 양자강을 건너기 전에 혜가 스님의 법문을 들을 기회가 있었다. 혜가 스님이 법문하는 법석 앞쪽에 앉은 달마 대사는 고개를 끄덕이고 혹은 가로 젓곤 하였다. 부처님 법에 합당할 경우에는 고개를 끄덕였고, 부처님 법에 합당치 않은 경우에는 고개를 가로 저었던 것이다.

혜가 스님은 모든 청중이 제 법문을 찬탄하는데 유독 달마 대

○ 위법망구(爲法忘軀) 정신으로 혜가 스님이 눈 속에 서서 하룻밤을 보냈다는 입설정(立雪亭)에서.

사만 고개를 가로 젓는 걸 눈여겨 보고 크게 깨우쳐서 달마 대사의 거처를 수소문해 소림사에 이른다. 여기에 입설구법(立雪求法) 이야기가 두 가지로 전해오고 있다. 하나는 오유봉 달마동 석굴설과 다른 하나는 소림사 큰 법당 뒷켠의 입설정(立雪亭) 설이다. 하여간 눈 속에서 서서 하룻밤을 보내면서 마음 속으로 사부로 모신 달마 대사의 가르침이 내려지기를 기다리다가 새벽녘에 제 자신의 왼쪽 팔을 잘라서 법을 구하는 의지를 보인 혜가 스님의 장한 뜻을 기리기 위해 세워진 전각이 바로 입설정이다.

그 밖의 유적으로는 달마동 석굴을 참배 가는 길목에서 먼저 초조암(初祖庵)을 만난다. 선종 초조 달마 대사를 기념해서 세운 산내 암자이다. 초조암 큰법당 동남방으로 서 있는 한 그루 큰 잣나무 옆에는 '육조 혜능 스님이 광동에서 이 곳에 와 심었다.〔六

祖手植柏 從廣東至此)'란 글이 새겨진 비석이 서 있다. 오유봉 다섯 봉우리 중 가운데 봉우리에 세워진 '현묵처(玄默處)'란 석문은 달마동 석굴 입구 표시이다. 석굴 내부에는 달마상이 모셔져서 옛날 달마 대사가 굴 속에 정진하던 모습을 재현해 놓았다. 굴 내부는 높이 3m 길이 7m의 공간이다. 달마 대사가 '좌선을 하루종일 하다가 피곤할 때에는 〈달마권(達磨拳)〉으로 단련하였고, 배가 고플 때에는 큰절에 내려가 밥을 먹었다'라고 당시 생활 모습이 《숭산여유(嵩山旅游)》에 전해진다. 달마동의 위쪽 정상에는 여러 개의 돌을 쌓아서 조각한 12m의 달마 좌상이 육중하게 자리하고 있다.

달마동 석굴에서 큰절 소림사까지 달마 대사가 오고 간 길은 빠른 걸음으로 한 시간 남짓의 몹시 가파른 비탈길이다. 지금도 소림 무술을 연마하는 청소년들이 남녀 구분 없이 새벽녘부터 이 비탈길을 오르내리며 체력을 단련하고 있다. 앞산 케이블카를 타

○ 소림사는 지금 무승(武僧) 천하.

고 가서 닿는 허술한 암자는 이조암(二祖庵).

이 곳에서 혜가 스님이 입설(立雪) 단비구법(斷臂求法)으로 달마 스님의 가르침을 받은 직후, 베어져 나간 왼팔의 상처를 치료하며 머물렀다고 전한다.

초조에서 육조까지 조사상(祖師像)이 모셔진 육조전(六祖殿)은 대웅보전 서쪽에 서 있다.

다시 소림 무술 이야기로 돌아간다. 나그네의 숙소가 연무장(練武場) 옆인 관계로 매일 조석으로 구경한 소감이다. 아주 인상적인 점은 일일점검제(一日点檢制)이다. 예를 들면 공중으로 뛰어 올라서 거꾸로 도는 연습의 경우 오전에 가르친 걸 오후 해질 무렵 점검한다. 점검 방법은 책상을 놓고 앉은 몇 명의 고수 앞에서 무술 단련 학생들이 차례대로 시범을 보인다. 첫날은 뜀틀을 손으로 짚고 거꾸로 돈다. 차츰 뜀틀 높이를 낮추다가 며칠 후에는 뜀틀 대신 빨랫줄을 쳐서 가볍게 손으로 닿는 시늉을 하면서

◐ 달마스님의 면벽 9년 동굴. 달마동.

◐ 달마동 내부

거꾸로 돈다. 이 모두를 오전에 단계별로 가르쳤다가 오후에는 일일점검하는 것이다.

옛 선사도 수좌를 가르칠 때에 일일점검제를 실시한 게 분명하다. 수좌가 공부를 지어 나아가는 과정을 선사가 매일 담금질하면서 진보 여부를 자세히 살펴본 것이다. 한 사람의 지도자가 지도할 수 있는 한계는 그리 많지 않다. 갓난 아이는 1:1이고 어른은 1:20으로 한 지도자가 지도할 수 있는 한계는 스무 명 안팎에 불과하다. 근세에 전강(田岡) 선사는 1:1로 송담(松潭) 스님을 옆구리에 끼고 10년이 넘게 공부시켰다는 일화가 있다. 자다가도 제자를 깨워서 사부는 묻는다.

"지금도 화두(話頭)가 들려?"

이런 담금질이 필요한 까닭에 조실의 거처는 반드시 대중 선방과 바짝 붙어 있었다. 석달 아흔 날 안거(安居) 기간을 아무 점검 없이 보내는 요즘 풍토는 스승과 제자 모두의 책임이다. 일일점검제가 실시될 때에는 그냥 편히 석달 아흔 날 안거 기간을 보낼 수가 없다. 때문에 '눈 밝은 납자'를 길러낸 옛 가풍이 그리운 건 당연하다.

◐ 소림사의 유명한 탑림(塔林).

이조(二祖) 혜가 스님의 사찰

중국 불교협회의 회장은 시인이자 서예가인 조박초(趙朴初) 거사이며, 부회장은 근세 중국 불교의 중흥조 허운(虛雲) 화상의 제자인 조주 선사(禪寺) 방장 정혜(淨慧) 화상이다.

조 거사는 이조(二祖) 도량의 하나인 이조사(二祖寺) 복원불사를 일으키며 이렇게 말한다.

"사공산(司公山)은 중국 선종 도량이며, 이조는 중국 선종의 초조(初祖)라고 할 수 있습니다. 달마 대사가 인도 사람이므로 혜가 대사는 중국 선종의 첫 번째 중국 사람이 되기 때문입니다. 만일 혜가 대사가 아니었던들 '중국 불교' 선종의 전개는 오늘날까지 상상할 수가 없습니다"

'중국 불교' 선종의 발원지 사공산과 중국 사람으로서 초조인 혜가 대사의 지위와 영향을 표현한 말이다.

혜가 대사(487~593, 107세 입적)의 속성은 희(姬)씨이고, 처음 이름은 신광(神光). 대사의 어머니가 신비한 빛이 방 안에 들어와 비치는 걸 보고 대사를 임신했다는 데서 연유한다. 뒤에 승가(僧

○ 중국 사람으로서 선종의 초조(初祖)인 혜가 스님.

可)라고 하였다. 고향은 하남성 정주시 형양현 범수진(河南省 鄭州市 滎陽縣 泛水鎭)이다. 자라면서 총명하였고 책 읽기와 여행 다니기를 즐기더니 끝내는 낙양 용문의 향산사(香山寺) 보경(寶鏡) 화상을 의지해 출가하였다.

그는 소년 시절 박학하여 불경과 그 밖의 책으로 내외(內外) 전적(典籍)에 정통하였다. 마흔살 때인 527년에 숭산 소림사에서 달마 대사를 친견, 곧 왼팔을 칼로 베어내고 스승으로 모시기를 6년, 선도(禪道)를 정밀하게 이루고 해문(解門) 행문(行門)에서 이사(理事)에 이르기까지 꿰뚫어 출격장부(出格丈夫)로서 부족함이 없었다.

달마 대사와 혜가 대사의 문답으로 유명한 안심법문(安心法門)은 시대에 따라 조금씩 변형된 형태로 회자되고 있는 선문답이다.

"저는 마음이 편치 않습니다. 부디 편안하게 해주십시오."
"마음을 가져 오너라. 편안케 해주리라."
"마음을 찾아도 얻을 수가 없습니다."
"내가 네 마음을 이미 편안케 했다."

달마 대사는 혜가 대사에게 정법안장(正法眼藏)을 전해줄 때 가사, 발우와 함께 《능가경(楞伽經)》 4권을 건네 주면서, "내가 살펴보니 이 중국 땅에서는 《능가경》이 필요하다. 뜻있는 이는 이 경을 의지해 수행하여 깨닫고 이웃을 구제할 것이다" 하였다.

혜가 대사가 숭산 소림사에서 차츰 남쪽으로 내려 오면서 석장(錫杖)을 머문 유적으로 다음 몇 군데가 있다.

광교사(匡敎寺) : 하북성 한단시 성안현 남태(河南省 邯鄲市 成安懸 南台) 지성중학(志成中學) 전(前). 전화 721-7991, 주지 비구니 오명(悟明), 대중스님 5명, 허허벌판 가운데 서있는 토굴.

원부사(元符寺) : 하북성 한단시 성안현 상성진 이조촌(河南省 邯鄲市 成安懸 商城鎭 二祖村). 평야 가운데 농로를 따라 들어간 빈민촌 안의 토굴. 대중 스님은 비구 2인.

이조암(二祖庵) : 숭산 소림사 앞산.

이조사(二祖寺) : 안휘성 안경시 악서현 사공산(安徽省 安慶市 岳西懸 司公山). 삼조사(三祖寺) 주지가 이조사 주지 겸직.

❂ 소림사 앞산에 있는 2조암.
잘린 어깨를 치료했던 곳으로 알려져 있다.

불교를 배척하고 도교를 숭상하는 정책으로 생긴 북주(北周) 무제(武帝, 560~578년) 시대의 법란(法亂, 577년 91세) 때였다. 사공산 이조사, 환공산(睆公山=天住山) 삼조사 쪽에서 삼조 승찬(僧璨) 대사와 함께 풀뿌리, 나무 열매로 허기진 배를 달래고 있었다. 대부분 승려는 환속당했고 작은 인원만 남쪽으로 내려가 법란을 피했다. 이 때 폐사 혹은 몰수된 사찰은 4만, 환속당한 승려는 3백만을 헤아린다.

법란의 영향 때문이었을까. 현존하는 이조의 도량은 몇 군데 되지만 쓸쓸하기 이를 데가 없다. 초조에서 육조까지의 도량 가운데서 가장 초라하다고나 할까.

원부사의 경우 마을 이름이 이조촌(二祖村)이다.

너른 사찰 부지 한쪽에 붉은 벽돌담으로 둘러 싸인 조그마한

◐ 아주 한적한 시골에 자리한 2조 스님의 도량. 광교사 전경.

법당이 있다. 마침 나그네는 사시 마지를 올리는 시간에 참배를 하게 되었는데 그 때 받은 감동이 쉽게 지워지지 않는다.

　상주하는 비구 두 분이 있으나 일을 보러나가 출타 중이었다. 가사와 장삼으로 정장한 신도님들이 목탁, 북 등 여섯 가지 법구를 나누어 다루며 범패로 법다이 의식을 진행하였다. 그 모습은 가히 놀랄 만했다.

　모두가 노보살 층이나 중늙은이 층도 약간 끼어 있었다. 범패 예불 의식이 출가승과 재가 불자 모두의 기본이라는 사실이다. 우리네는 이런 점에서 볼 때 격식 차리기에 바빠 아예 무관심하다고나 할까. 거사와 보살이 법요식 때에 두루 사회를 보면서 목탁을 다룰 줄 아는 풍토가 어서 이뤄졌으면 싶다.

　또 있다. 한문 예불문을 금과옥조로 붙들고 온 지 천 육백 년.

○ 빈민촌 안에 선 이조 스님의 도량 원부사 주위에 이런 삼존불이 벌판에 모셔져 있었다.
○ 주지 스님은 일보러 출타중인데 사시 마지를 보살님들이 목탁·요령 등을 잡고 훌륭하게 집전하였다.
　이 때 보살님이 축원문을 낭송하였다.

대담하게 자기화하여 생활 속에 살아 숨쉬는 불교로 정착시기기에는 아직 때 이른 감이 든다. 반드시 '지심귀명례' 하고 일곱 번 절을 해야만 하는가. 이런 원칙은 어디에도 없다.

남방은 남방대로 특색있게 '지심귀명례' 없는 예불문을 갖고 있고, 중국과 일본 역시 동일하지 않다.

우리 나라는 천 육백 년 동안 무던히도 인내력이 좋아 한글 예불문을 갖지 못하고 있으니, 언제 눈을 크게 돌려 볼 때가 있을까. 한문권 문화라고는 하지만 우리글 우리말 예불문이 범패로 나올 때 거사와 보살들이 스스로 스님 대신 사시 마지를 쉽게 올릴 수가 있을 것이다.

◑ 최근 법란 〈문화혁명〉의 후유증인지, 이조촌 원부사 신도들은 신도증이 없으면 안 된다, 하고 글쓴이의 출입을 막았다. 성벽 같은 원부사 입구.

삼조(三祖) 승찬 스님의 도량, 삼조사

　선종(禪宗)의 삼조(三祖) 승찬(僧璨) 스님이 법을 펴다가 입적한 도량 천주산(天柱山 1,485m) 삼조사(三祖寺). 그 앞으로 강이 흘러 산수가 빼어나다.

　아니나 다를까. 진시황제 남순(南巡) 무렵에는 '남악(南岳)'이라고 하여 남방 제일의 산이었다가 수문제(隋文帝) 때에 와서 호남 형산(衡山)에게 그 자리를 내어주었다. 산중 기송괴석(奇松怪石)이 마흔 다섯 봉우리에 어우러져 폭포와 동굴이 곳곳에 이루어진 것이며, 여기에 여러 겹 띠를 두른 운해(雲海)와 안개가 신비감을 더해준다.

　기후는 여름에는 서늘하고 겨울에는 온화한 휴양지로써 스님 묵객의 발길이 끊이질 않고, 산곡(山谷) 거사 황정견(黃庭堅)과 장한수(張恨水)를 길러낸 곳도 바로 이 곳 천주산이다. 하늘을 떠받치고 있다 하여 붙여진 이름이다.

　최초 창건은 서기 505년 보지(寶志, 417~514) 화상이 양무제에게 건의하여 이룩되었다. 옛날 선종사(禪宗史)에서 환산(晥山)

혹은 환공산(晥公山)이라고 이름한 것은 천주산이 안휘성의 약칭 '환(晥)' 자를 대신한 까닭이다. 오늘날의 환남(晥南)은 양자강 이남을 뜻하고 환북(晥北)은 양자강 이북을 뜻하는 이치이다.

삼조사는 산곡사(山谷寺)라는 다른 이름이 있다.

행정 구역은 안휘성 잠산현 천주진. 대중 스님은 스무 명 정도이고 의외로 늦깎이 노승이 많이 눈에 띈 것 역시 다른 중국 사찰의 경우와 별반 다를 바가 없다.

늦깎이를 알아보는 방법은 예불 공양 때와 좌차(坐次), 즉 앉는 순서를 보면 한눈으로 알 수 있다.

뒷자리에 60세, 70세 노승도 있다. 한번은 도량에서 만난 한 노승이 나그네를 가리키며 "형이 됩니다" 하고 하심(下心)하는 모습을 보인다.

그러고 보니 삼조 승찬 역시 마흔 무렵에 출가하였고, 현 방장 굉행(宏行) 스님 역시 쉰 살에 출가하였다. 이 곳은 대표적인 늦깎이 도량이다. 방장 스님은 본래 의사로서 처자식을 거느린 가장이었다. 부처님과 인연이 되어 출가를 하고부터 모두를 털어버렸다. 건축 애호가

◐ 3조 승찬 스님의 사리탑인 각적탑(覺寂塔).

로서 건축물에도 조예가 깊어 그가 불사해서 지은 건축물은 정성이 깃들어 있다. 대들보 없이 지은 게 특징이다.

공양할 때에는 덥다고 웃통을 벗은 채로 편히 한다.

다른 대중도 따라서 편히 공양을 한다. 스님이기보다는 '좋은 사람'. 스님 틀로 보면 어긋난 방장이지만 그냥 조건없이 보면 그대로 현인(賢人)이다.

그 스님은 복전함(福田函)을 다 털어서 직접 이웃 마을 가난한 학생을 공부시켜 주고, 약품을 구해 빈민촌을 순회방문하는가 하

◐ 소림사 육조전에 모셔진 3조 승찬 스님상. 왼쪽에서 부터 초조, 3조, 5조.

◐ 소림사 육조전에 모셔진 삼조 승찬 스님상. 오른쪽부터 2조, 4조 6조상.

면 홍수로 피해 입은 마을에 찾아가 위로를 하며 성금 봉투를 건네 주는 등 지역 사회에서 찬사가 자자한 분이다.

그의 법문 한 구절을 옮겨 본다.

"이 지구상에는 250여 개의 나라에 60억의 인구가 살고 있습니다. 이 가운데 종교 인구는 5분의 4로, 약 48억이고, 첫째는 기독교인이고, 둘째는 이슬람교인이고, 셋째는 불교인이며, 그외는 기타 종교인입니다.

세계 삼대 종교의 하나인 불교는 2천5백여 년의 가장 긴 역사를 가지고 있습니다. 그런데도 다른 종교인 수보다 못한 점은 무엇 때문일까. 무엇이 불합리한 원인일까.

인성즉불성(人性卽佛性)이라고 태허(太虛) 큰스님은 주장하셨습니다. 사람으로서의 완성이 곧 부처의 완성입니다. 억지로 부처가 되려고 하지 말고 현실을 진실 그대로 받아들여서 이웃과 더불어 무아(無我)로 살도록 힘씁시다."

금년 예순 일곱 살인 방장 스님은 예불 때도 힘이 들면 의자를 옆에 가져다 놓고 편히 앉아서 쉰다.

그렇다고 환자는 아니다. 다만 필요에 따라 현실적으로 자기 식대로 삶의 방식을 정할 따름이다.

至道無難
唯嫌揀擇
但莫憎愛
洞然明白

지극한 도는 어려운게 아니다
오직 간택함만을 꺼릴 뿐
사랑하지 않고 미워하지 않는다면
훤하게 앞길이 뚫려 명명백백하리라.

옛날 이 곳 삼조사에서 삼조 승찬 스님이 지은《신심명(信心銘)》첫 구절이다. 전문 146구(句) 584자 가운데 이것만으로도 핵심을 드러낸 것이다. 지극한 도는 선도(禪道)이고 대도(大道)이다. 도를 어렵다고 하지 말라. 오직 간택이 병이다. 간택이란 무엇인가. 콩나물 시루에 놓을 콩을 고를 때처럼, 상판 위에서 이건 좋고 저건 나쁘고 하듯이 간택하는 마음을 떠나라.

사람을 만나 이야기를 하는 시간에, 칭찬에는 기뻐하고 욕 앞에서는 성을 내는 게 바로 간택한 마음의 탓이다. 시비 곡절을 떠난 이의 마음은 늘 태평하다. 어리석은 새는 순풍의 바람을 타고 날지 않고 역풍으로 거슬러 날아서 힘들다라고 부처님께서 말씀하셨다. 시시비비에서 훤출히 벗어난 이는 따로 도를 닦지 않아도 되는데 이것이 순리이고 지도(至道)라는 뜻이다.

《신심명》은 문자가 생긴 이래 가장 값진 문자의 값을 한 글이라고 높이 평가된다. 글자 한 자가 그대로 보배 구슬 하나에 값하기 때문이다. 달마 대사와 이조 혜가 스님의 사상이 무르익어 삼조 승찬 스님대에 내려와 비로소 문자로 직접 기록된 선종어록의 백미. 대개 어록은 후세 사람이 기록하는 게 상례인데《신심명》의 필자는 삼조 스님 자신이기 때문에 더욱 돋보인다.

사조(三祖) 도신 스님의 도량

出入有僧 皆佛印
往來無客 不東坡
출입하는 스님네 부처의 후신이오
왕래하는 나그네 모두가 동파일세.

도신(580~651) 스님이 스물 다섯 해 동안 머문 삼조사 존객당(尊客堂) 안 주련의 내용이다.

당송 8대가의 한 사람인 소동파(蘇東坡, 1037~1101) 거사는 산을 즐겨하여 절 객실도 자주 이용하는 편이었다. 오조사계(五祖師戒) 선사의 후신으로 알려진 그는 동림상총(東林常總) 선사의 법문을 듣고 깨달음을 얻은 거사였다.

한번은 어느 절에 참배를 갔다가 노승 주지에게 냉대를 받은 적이 있었다. 노승은 떨어진 옷을 입은 동파 거사의 초라한 모습을 보고 그를 대수롭지 않게 접대하였다.

"앉어."

그런 뒤에 노승은 차 심부름을 하는 시자에게 말했다.

"차!"

동파 거사가 차 한 잔을 마시고 일어서려고 할 때였다. 잘 차려 입은 나그네 한 사람을 맞아서, 노승이 말하였다.

"앉으시오."

이번에는 차를 따르는 시자에게, "차를 올려라." 하였다. 다시 두 나그네와 노승이 이야기를 나누고 있다가 얼마쯤 지났다. 기침 소리를 크게 하면서 들어선 새 나그네는 그 지방의 저명한 인사였다.

"윗자리로 올라 앉으시지요."

노승의 말씨가 금방 달라졌다. 그리고는 시자를 향해 말한 방법도 달랐다.

○ 3조, 4조 스님. 마조 스님 등의 숨결이 깃든 천주산. 여기서 마조 스님의 토굴을 찾다가 죽을 고비를 넘긴 경험이 있다.

"향기 좋은 차를 올려라!"

동파 거사가 노승에게 고별인사를 나눌 때였다.

노승이 동파 거사에게 글씨 몇 자 써주기를 부탁하였다. 동파 거사는 터져나오려는 웃음을 꾹 참고 두 구절을 써내려 갔다.

坐請坐請上坐
茶敬茶敬香茶
앉어, 앉으시오, 올라 앉으시지요.
차, 차를 올려라, 향기 좋은 차를 올려라.

노승이 이 글을 읽고는 얼굴이 벌겋게 달아올라 어찌할 바를 몰랐다는 이야기다. 그래서 이 곳은 이름부터가 그냥 객당이 아

◐ 한여름에도 이가 시릴만큼 시원스런 천주산 구정(九井) 폭포.

니고 존객당(尊客堂)이다.

각설하고, 이 곳 삼조사(三祖寺)에서 처음 삼조 승찬 스님이 어린 나그네 열네 살난 사미 도신을 대접하는 장면은 어떠하였을까.

"큰스님께서 자비를 베풀어 주십시오. 저는 해탈의 법문을 한 말씀 듣고 싶습니다."

눈을 반짝이고 앉아 있는 이 총명한 아이를 지긋이 바라보고 난 승찬 스님이 입을 열었다.

"누가 너를 묶어 놓았단 말이야?"

도신은 귀가 번쩍 트였다.

"저를 묶어 놓은 사람은 아무도 없습니다."

"그렇구나. 너를 묶어 놓은 사람이 아무도 없다고 했지? 헌데, 왜 해탈을 구하는고?"

이 때 크게 깨달은 바가 있는 사미 도신은 승찬 스님을 스승으로 모시고 참선 공부를 시작하였다.

스무 살 때에는 길주(강서성 길안시)에서 비구계를 받고 스승 가까이서 시봉하기를 멈추지 않았다.

스승 섬기기 아홉 해 되던 해에 가사와 발우를 전해 받음으로써 사조(四祖)가 된 도신 스님은 열 여섯 해 동안을 삼조사에서 더 머물러 지냈다.

삼조사를 떠나 머문 처소는 강서성 길주, 호북성 황매현 등이다. 황매현 일대를 일컬어 선종사에서는, 초기 선종의 근본 조정(祖庭)이 남방 이 곳에 몰려 있다는 점을 들어 '황금 삼각지〔金三

角)'란 말을 쓴다. 사공산(司公山, 1227m)과 삼조산(三祖山=天柱山, 1485m), 동산(東山, 530m)이 서로 백여 리 간격을 두고 가깝게 있기 때문이다.

특히 사공산과 삼조산의 두 산 일대에서 이조 혜가 스님과 삼조 승찬 스님, 사조 도신 스님 등 세 분이 활동한 기간은 줄잡아 70여 년. 중국 선종 초조 달마 스님으로부터 오조 홍인 스님에 이르기까지 백십여 년에서 70여 년의 비중은 크다. 그래서 황금 삼각지의 중심은 사공산과 삼조산이라고도 한다.

황금 삼각지 안에 들어있는 황매현 쌍봉산(雙峰山) 사조사(四祖寺)는 황매현 소재지에서 서쪽 15km쯤 떨어져 있다. 쌍봉산은 서산(西山)이라고도 하는데 원래는 파두산(破頭山), 파액산(破額山)이었다. 쌍봉산의 형세는 바위 봉우리가 우뚝 솟아서 기세가 넘친다.

"멀리서 조망하면 두 산 모양은 마치 보검을 구름 속에 꽂아 놓은 듯 우뚝해 보였고, 가까이서 보면 큰 코끼리가 턱 버틴 듯해 보였다."고 옛 문헌은 기록하였다.

지금은 절을 옛 모습대로 중창하려고 준비 중에 있다. 옛 절의 규모는 웅장한 대찰로서 가람 배치가 짜임새 있게 놓여있어 산문을 들어서면 우선 중심 건물 천왕문(天王殿), 대불전(大佛殿), 조야전(祖爺殿) 순서로 참배하게 되어 있었다.

대불전을 구심점으로 삼아 좌우 양쪽 날개 혹은 전후 배열에 가득 채워진 전각은 20여 동인데 지장전(地藏殿), 종고루(鍾鼓樓), 과송전(課誦殿), 조당(祖堂), 자운각(慈雲閣), 화엄전(華嚴

殿) 등이다. 이 외에도 반운암(半雲庵), 노반정(魯班亭), 비로탑(毘盧塔), 전법동(傳法洞) 등이 있었다.

  동굴과 어우러진 선경(仙境)을 이룬 쌍봉산은 시인 묵객의 발길이 끊이지 않았고 오늘날에도 석각(石刻)으로 풍류의 자취가 남아 있다.

오조 홍인 스님의 도량
— 오조사(五祖寺) —

　사조(四祖) 도신 스님이 주석하고 있는 쌍봉산 아래 주(周)씨 촌에는 한 처녀가 부모 모시기에 정성을 다하고 있었다. 열여덟이나 열아홉 살난 이 처녀는 정절이 곧기로도 인근 마을에 소문이 나 있었다.
　훗날 중국 역사에서 성모(聖母)로 추앙되어 곳곳의 성모전(聖母殿)에 모셔진 이 산골 처녀가 낳은 아들이 바로 선종사(禪宗史)에서 큰 공을 세운 오조 홍인(弘忍)스님이다.
　주씨가 성모가 된 내력은 이렇다.
　때는 600년대 초기.
　쌍봉산에는 소나무를 가꾸며 사는 장(張)씨란 한 노인이 있었다. 그는 일흔 살이 넘도록 출가의 뜻을 버리지 않고 있다가 어느 화창한 봄날, 4조 도신 스님을 찾아 뵙고 여쭈었다.
　"큰스님, 이 늙은이가 출가한다면 어떻습니까?"
　도신 스님이 대답하였다.
　"보아하니, 아직 세속 인연이 다하지 않았소."

장씨 노인은 고개를 푹 숙이고 제 처소로 발길을 돌렸다.
그 후 장씨 노인은 다시 도신 스님을 찾아 뵈었다.
도신 스님은 다음과 같은 글을 건네 주었다.

周家莊上 遇裙釵
濯港河水 脫尸骸
化作仙桃 投入盂
轉世求法 上山來

주씨촌의 처녀를 만난다면
냇가에서 빨래할 때 몸을 벗어나니
선도 복숭아가 된 정령으로 입태하여
내세에 법을 구하러 아이로서 오게나.

장씨 노인은 이 글을 받아보고 뛸 듯이 기뻤다. 금생의 육신은 이제 거의 쇠진하여 성불을 기대하기 어려운 줄을 누구보다 더 잘 아는 장씨였다. 이제 도신 스님의 발원으로 투태법(投胎法)으로 태어나는 것

◐ 도량을 빗질하는 대중 울력시간에.

이, 심장과 배 안에 들어가 선도 복숭아를 떨어뜨려 잉태한다[墮心入腹 投桃面孕]고 하는 옛말과 같다.

세월이 흘렀다. 장씨 노인은 타계하면서 내생에 아이로서 출가하기를 간절히 발원하였다.

마침내 주씨 처녀가 투대에 의해 아이를 배자 부모의 놀라움은 극도에 달하였다. 결국 부른 배를 안고 주씨촌을 빠져 나온 주씨 처녀는 나그네의 처량한 신세가 되었다.

처녀가 옥동자를 낳아 일곱 살이 될 때까지 겪은 고초는 말로써 어찌 다하랴. 죽지 못해 연명해 나가는 그런 생활이었다. 생활고도 생활고지만 처녀가 아이를 낳았다는 이웃의 질타는 더욱 주씨 가슴을 아프게 하였다.

아이의 이름은 따로 없었고 다만 '무성아(無姓兒)'라고 불렀다. 아버지가 없어 '성씨가 없는 아이'라는 이름이다.

◑ 육조 스님이 이곳을 통과했으리라고 믿어지는 오조사 산문 입구.

일곱 살 때였다. 무성아는 할아버지와 할머니가 살고 있는 쌍봉산 아랫 마을로 옮겨와 살게 되었다. 어머니 주씨가 타향살이 설움에 지쳐 외가로 들어갔기 때문이다.

쌍봉산의 한 도사는 무성아가 길가에서 놀고 있는 모습을 유심히 보고, "이 애는 범상치 않은 인물이야. 큰 그릇이구나" 하고 칭찬하였다.

이런 무성아의 소문은 도신 스님의 귀에도 들어갔다.

주씨 집을 방문한 도신 스님이 무성아의 입산을 권유하자, 주씨는 순순히 승락하였다. 무성아 역시 처음 인사를 올리는 스승이지만 숙세의 인연 때문인지 잘 따랐다. 도신 스님이 무성아의 큰절을 받고 나서 이렇게 이름을 지어주었다.

"홍인(弘忍)이라고 하여라."

○ 육조 스님이 행자시절에 700대중의 방아를 찧었던 방앗간 터. 지금 모습은 만들어진 모형.

○ 동재(童子)가 많은 오조사. 지금도 중국에는 동진 출가자가 있다는 증거이다.

홍(弘)은 불법을 널리 편다는 뜻이고, 인(忍)은 세상의 모든 고통을 잘 참는다는 뜻이다. 참고 견디는 수행을 통해서 도를 이루고 이웃을 위해 널리 불법을 펴라는 원(願)이 담긴 이름이다.

과연 홍인 스님은 이름만큼이나 큰 일을 해냈다. 쌍봉산에서 오조산으로 옮겨와 오조사(五祖師)의 개산조가 되어 '동산법문(東山法門)'을 연 때는 그의 나이 쉰 살 무렵, 사조 스님의 법을 이어 의발(衣鉢)을 물려받은 직후였다.

홍인 스님의 공적을 꼽는다면 다음 몇 가지가 있다.

첫째는 《금강경》을 소의경전으로 삼았다. 그 이전까지는 《능가경》이 소의경전이었다. 《금강경》 독경을 하도록 7백 대중에게 권장한 그의 탁견은 오늘날까지 변함 없이 '금강경 독경 수행'으로 이어져 내려오고 있다. 부처님의 팔만장경 가운데서 《금강경》 한 권으로 선종의 뼈대를 세운 홍인 스님의 공이야말로 후세에 길이 남을 것이다.

둘째는 선종의 기틀인 총림의 바탕이 이뤄졌다.

일흔네 살 때 입적하기까지 스물네 해 동안 동산법문을 펴며 총림을 일구었다. 법을 이은 제자는 혜능(惠能) 스님, 신수(神秀) 스님 등 걸출한 인물들이 많다.

홍인 스님의 의발은 혜능 스님에게 마지막으로 전해졌다. 이 이후 전법의 상징으로 의발이 전해지는 일은 그치고 다만 스승이 전법게(傳法偈)로써 인가하였다.

육조 혜능 스님의 도량
- 남화사(南華寺) -

　광동성 소관시(韶關市)에서 남쪽으로 21㎞ 떨어진 조계산 남화사(南華寺)는 우리 나라로 치면 합천 해인사나 순천 송광사, 양산 통도사 정도로 비중이 퍽 높은 절이다. 중국 스님들이 아직 위의(威儀)를 갖춘 편이 아니나 남화사에서 합동 수계식을 거쳐 나온 사미, 사미니와 비구, 비구니는 그래도 정통에 가까운 모범을 보이고 있어 남화사의 위치를 잘 말해준다.
　문화혁명 당시, 불교가 다른 종교와 함께 우상숭배, 지식분자의 무위도식 집단으로 몰려서 완전히 말살되고 말았으니 이제 중국 불교는 새로 시작되고 있다고 해도 지나친 말이 아닐 것이다.
　남화사가 깃들어 있는 산 이름은 조계산(曹溪山), 송광사의 뒷산과 똑같다. 송광사 조계산이 887m 높이인데 비해 남화사의 조계산은 아주 낮다.
　두 봉우리 사이를 흐르는 계곡물이 시내를 이룬 조계산은 조(曹)씨 성을 가진 조숙량(曹叔良) 거사가 육조(六祖) 스님을 위해 보시한 땅이라는 데서 지어진 이름이다. 비록 낮은 산이지만 태산 못지 않게 천하 선종의 근본 조정(朝庭)으로 관심을 모으고 있는 것도 육조 혜능(慧能) 스님이 '신선'이고 '용'의 비중을 가졌기 때문이다.

남화사를 참배한 때는 무더위가 계속되는 복중이었다. 차창 밖으로 물소가 쟁기질을 하는 모습이며, 이모작 논이 이어져서 한쪽 논은 모내기를 마친 곳이 있는가 하면 다른 한쪽은 많이 자란 벼가 함께 있는 모습이 이국 풍경이다. 아열대에 속하여 무더위가 상상을 뛰어 넘었다.

객당 이층 선풍기가 돌아가는 방 한켠으로 안내되어 걸망을 풀어놓고 옆방 한 거사와 차를 마셨다. 그는 강서성에서 잡지 편집 일을 맡고 있는 행정 관리인데, 내게 친절을 다해 여러 모로 도움을 준 불자이다. 방장 스님의 친견도 이 거사의 안내로 운문산에 가서 이루어졌다.

방장 스님 역시 허운 스님의 제자로 불원(佛源)이란 분이다. 남화사 대중은 약 50명. 육조 스님이 37년 동안 주석하신 도량 남화사에서 보낸 사흘은 꿈결같이 여겨진다. 《육조단경(六祖壇經)》을 절 안에서 구해서 읽는 시간에 육조 스님을 좀더 가까이 모시는 기분이 들었다.

나그네가 맨 처음 육조단경을 읽은 것은 행자 시절이었으니, 스무 해도 훨씬 넘은 때가 아닌가 여겨진다. 낮에 공양간 소임으로 피곤할 터인데 밤에는 무슨 신심(信心)이 있었던지 《육조단경》을 읽으며 면벽좌선(面壁坐禪)을 하는 도반 행자들이 있었다.

흔히들 이야기를 나누는 대목은,

● 육조 스님이 지팡이로 뚫었다는 탁석천(卓錫泉). 지금도 약수터로 유명하다.

身是菩提樹
心如明鏡台
時時勤佛拭
勿使惹塵埃

몸은 참지혜의 나무요
마음은 맑은 거울과 같아
언제나 부지런히 닦아서
먼지가 끼지 않게 하리.

하는 교수사(敎授師) 신수(神秀) 스님의 게송을 내려치는 육조 혜능 스님의 게송이었다.

菩提本無樹
明鏡亦非台
本來無一物
何處惹塵埃

참지혜는 애초 나무일 리 없고
마음의 거울 역시 틀이 아니네
본래 한 물건도 없거늘
먼지는 어디에 끼랴.

행자실에서 나눴던 이야기들을 뒷날 생각해 보니 꼭 맞는 말들은 아니다. 그래도 구도에 대한 결의가 그 때 다소나마 있었던지 입을 열면 대개 《육조단경》과 참선 공부에 대해 이야기를 나누었다.

나그네는 육조가 된 노행자(盧行者)가 의발(衣鉢)을 품안에 간직하고 피신한 행로를 좇아 대유령(大庾嶺), 소유령(小庾嶺) 부근에서 하루 낮 하룻밤을 보낸 적이 있다. 그 곳은 충주 탄금대와 같은 천연 요새로 이 곳을 넘으면 피신처로 안성맞춤이다. 그만큼 험난한 계곡이 끼어 있기 때문이다.

不思善
不思惡
正與麼時
那箇是明上座

本來面目
선도 생각하지 말고
악도 생각하지 말라
바로 이 때에
어떤 것이 명상좌의
본래면목인가.

최초의 육조 스님의 법문이 설해진 곳은 이 고개이다. 당시 상황을 이해하려면 《육조단경》의 내용을 검토해보는 정도로도 가능하다.

쟁쟁한 수백 명 스님을 제치고 아직 삭발도 채 하지 않은 행자 주제에 오조(五祖)의 법맥을 이어 육조(六祖)가 되었던 이변이나, 이를 못마땅히 여기고 대유령까지 추격해서 전법의 상징인

◐ 사천왕은 주위에 있고 가운데에 포대 화상이 모셔진 천왕보전.

의발을 뺏으려고 달려온 혜명 스님의 처지 등이 모두 상세하게 기록되어 있기 때문이다.

남화사 도량에 머물면서 홀연 나그네에게 감회로운 점은, 조계산 남화사가 서기 504년에 처음 창건된 이래 육조 혜능 스님 대에 이르러 크게 일어나 이름을 떨친 사실이, 조계산 송광사가 신라 말기에 창건되어 보조 스님 때 비로소 이름을 떨친 사실과 동일하다는 것이다.

'조계'. 조계산 산 이름이 똑같은 것은 여러 모로 보아 의미심장한 일이다. '남종선법 발원지(南宗禪法 發源地)'란 사액의 이름과 같이 육조의 가풍을 대변하는 말이다.

❍ 방생지를 지나 들어서는 보림문.

불사리로 유명한 아육왕사

광채를 내품는 불사리(佛舍利)

인도의 이름으로 아쇼카(Asoka)라고 하는 아육왕(阿育王)은 전륜성왕(轉輪聖王)답게 인도를 거의 통일하고 나서 불멸 이후 전무후무하게 지방 홍법(弘法)에 공헌한 사람이다. BC 3세기 무렵의 일이다. 희랍 5국에 전도승(傳道僧)을 파견한 이가 바로 아육왕이다.

아들과 딸은 출가를 하였는데, 아들 마힌다 장로(長老)는 멀리 스리랑카에 삼보(三寶)를 전파하였고, 딸인 상가밋타 비구니는 보드가야 보리수에서 가지를 나누어서 스리랑카에 옮겨 심었다. 또 왕비의 고향인 산치 마을에 '산치 대탑'을 세우며 불사를 일으킨 일 역시 아육왕의 치적으로 기록되고 있다. 그러나 이보다 더 중요한 일이 있다.

즉위 후 8년이 되던 해에 칼링카국(國)을 공격하여 멸망시켰다. 이 칼링카 전쟁에서는 10만 명이 죽고 15만 명이 포로가 되어 인도 각지로 보내졌으며, 그 몇 배에 이르는 사람들이 전화(戰禍)

를 입었다고 한다. 아육왕은 이를 보고 전쟁의 죄악과 비참함을 뼈저리게 느꼈다. 이 무렵 아육왕은 출가 사문(沙門)으로부터 설법을 들을 기회를 가졌다.

통일 이후 어느 날 밤이었다. 자기가 저지른 전쟁, 살생의 대죄 때문에 번뇌의 밤을 꼬박 새운 아육왕은 새벽녘이 되어 부처님께 정례(頂禮)를 올리며 깊이 참회하였다. 그리하여 참회를 통절하게 체험한 아육왕은 어제와는 다른 사람이었다.

참회의 일환으로 아육왕은 부처님의 자취가 닿은 곳마다 성지 참배를 다녔다. 이 때에 부처님의 사리탑(舍利塔), 사자석주(獅子石柱), 보탑(寶塔) 등을 세웠는데 보탑(寶塔)의 숫자는 놀랍게도 8만4천이었다고 한다. 현재 우리 불자가 성지 참배를 할 수 있는 것은 아육왕의 사자석주 공덕으로 돌려도 무리가 아니다. 아육왕의 사자석주가 아니었다면 2천 6백 년 전의 불적(佛跡)을 확

◐ 이른 아침 사리전(舍利殿) 앞을 쓸기 위해 빗자루를 들고 나선 노보살님.

인하기가 매우 어려운 일이다.

　중국으로 삼보(三寶)가 전해지면서 부처님 사리 역시 여러 경로를 통해 전해졌다.

　그 가운데 영파(寧波) 아육왕사의 보탑은 경이로운 점이 한둘이 아니다. 어떻게 아육왕의 보탑이 먼 중국에 전해져서, 그것도 땅 속에 오랫동안 묻혀 있다가 발견되었느냐 하는 점이다. 또 그 사리를 인연으로 하여 아육왕사가 창건되었고, 사리를 친견할 때 보는 사람의 수행력과 비례해서 사리가 방광(放光)하는 점은 범부의 생각이 미치기 어렵다. 근세에도 선지식 허운(虛雲) 노사가 이 곳을 참배한 적이 있는데 용맹정진 후에 친견하였을 때에 사리는 발광체처럼 광채를 내뿜어 주위 사람들을 크게 놀라게 하였다.

　나그네가 아육왕사를 참배한 목적은 사리와 함께 화두선(話頭禪)의 종장 대혜 종고(大慧 宗杲) 스님의 자취가 닿은 곳이었기 때문이다. 겸하여 인근 묵조선 근본도량 천동선사(天童禪寺)도 참배할 기회를 가졌다. 이 절의 종주인 천동 굉지(天童宏智) 스님은 대혜 스님과는 쌍벽을 이룬 당대 선사(禪師)를 대표하는 인물이다. 13세기 무렵에는 일본 묵조선(默照禪)계의 도원(道元) 스님이 유학을 와서 수학한 곳으로 지금도 조동종 신도의 성지참배로 유명하다. 천동선사는 송(宋)대에는 오대 총림, 청(淸)대에는 진강 금산사, 상주 천녕사, 양주 고민사와 함께 사대 총림의 하나인 유서깊은 선종의 사찰이다.

아육왕사의 역사

약 천 7백 년 전, 서진(西晉) 태강(太康) 3년(서기 282년)에 창건된 영파 아육왕사는 천하 총림 명산의 하나로 자리를 잡아 수려한 산의 풍광과 전각의 빼어남, 희유한 불사리 영탑(靈塔) 등으로 명성이 높다.

불교 역사에서 아육왕이 석가모니불 사리를 봉안하여 세계 각지에 분포한 8만4천 보탑(寶塔)은, 인연 있는 '8길상(吉祥) 6수승지(殊勝地)'를 만나면 호법신장(護法神將)을 따라 출현한다고 한다.

서진 태강 연간의 일이다. 개산 조사 혜달(慧達) 스님은 병중에 누워 지내던 중, 한 범승(梵僧)을 꿈꾸었다. 범승은 이렇게 현몽하였다.

"저어기 회계산으로 가 보시오. 거기엔 사리 보탑이 있을 것입니다."

이튿날이다. 혜달 스님이 무작정 회계산에 들어섰을 때였다. 어디선가 땅 속에서 종소리 비슷한 쇠종 소리가 들려왔다. 이로부터 삼일 기도를 지극정성 모시고 나니 땅 속에서는 놀랍게도 보탑이 불쑥 솟았다.

탑의 맑은 빛깔은 금색과 비슷하나 금은 아니었고 그렇다고 돌도 아니었다. 모양은 높이가 한 자 4치(약 43cm)이고 가로가 7치(약 21cm)인 4각 5층탑이다.

보탑에서 방광하는 광채는 사람의 눈을 현란케 하였다. 탑 안에서는 석가모니 부처님의 불정골(佛頂骨) 사리가 나왔다. 국가에서는 이 사리를 보물로 여겨 보호하였다.

최근에 중수된 아육왕사는 성급(省級) 중점문물단위(重點文物單位)로 지정되었다. 대혜 스님의 말년, 1992년에는 당(唐)대의 상, 하 양 탑 가운데서 동(東)탑을 중건하였다. 동탑은 이 지역 절강성 동쪽에서는 제일 빼어난 탑이다.

수많은 석각과 어필(御筆)이며, 명필 소식(蘇軾) 등의 문물 가운데 나그네의 눈길을 끄는 한 석각이 있었다. 절 앞 한쪽 샘에 있는 음각 글씨 네 자 '묘희천명(妙喜泉銘)'을 보는 기쁨은 마치 대혜 스님을 친견한 듯한 기쁨이었다. 글씨를 쓴 이는 대혜 스님의 제자 덕원(德遠) 장구성(張九成) 거사이고, 묘희는 대혜 스님의 호이다.

대혜 스님이 이 곳에서 주지로 머문 기간은 1년도 채 안 된다. 16년간의 유배에서 막 풀려 나온 이듬해(1157년, 69세)의 일이

◐ 관음전 이층 객실에서 내다본 도량 모습.

다. 파란만장한 생애 가운데서 이 때는 이미 쓴맛 단맛을 다 보아서 달관한 시기인 듯하다. 나그네는 당시 대혜 스님의 모습을 어슴푯하게 떠올려보면서, 이층 관음전 승당에 마련된 노덕스님을 모시는 아주 정갈하고 편안한 객당에서 설레이는 밤을 맞이하였다. 역사가 깊은 절답게 객당 침대며 정갈한 방 안 물건에서도 천년의 정취가 묻어 나오는 듯하였다. 옛 풍습과 같이 목욕할 뜨거운 물은 물지게로 길러다 주었다.

 이제 대혜 스님의 말년을 정리하려 한다. 아육왕사에서 임안(臨安) 경산사(徑山寺)로 대혜 스님의 거처가 옮겨졌다. 이 때 선풍이 크게 일어나 청법 대중은 줄곧 2천 명이 넘었다. 2, 3년 주지로 주석하다가 명월당(明月堂)에서 한가한 늙은이로 다시 2, 3년 보낸 후에 입적(1163년 8월10일)하니 법납은 58세요, 세수는 75세이다.

사막의 오아시스, 돈황(上)

현장 법사의 길을 따라

실크로드는 불교가 인도에서 중국으로 들어온 길이고 현장 법사 등 많은 구법승이 중국에서 인도로 들어간 길이다. 한 마디로 2천 여 년 전 한무제 때에 장건(張騫)이 국가적인 사업으로 서역으로 통하는 길을 놓아 만든 상인의 행상로가 구도의 좋은 길 역할을 한 것이다.

상인 거사(居士)는 신심과 재력 등을 갖춘 재가 불자. 사업으로 돈을 모으는 상인 계층은 불교 홍법에 있어서 예나 지금이나 불사 시주로서 큰 존재이다. 돈황의 불사에서도 기녀 몇 사람이 합동으로 시주금을 모아서 낸 예가 있긴 하지만 대체로 황실, 호족과 대상인 등이었다.

실크로드 나들이는 세속의 인연 같은 '동창회' 도반들과 다녀왔다.

돈황이 주 목적지가 된 석굴 대사원 참배는 아주 인상 깊었다. 포대 화상 원행(圓行) 법형이 앞장 섰고 해인 강원 도반들은 동참하는 것으로 되었다. 스무 해란 까마득한 세월 속에 묻힌 강원 도반들과 낙타를 타고 돈황 모래산 명사산(鳴沙山)을 다정다감하게 어울린 게 추억으로 남아 있다. 우리는 어린애처럼 투정도 부리고 웃기도 하며 열흘 남짓한 기간을 함께 보냈다.

실크로드의 동쪽 끝에 낙양(洛陽)이 있고 실크로드를 따라 서역으로 넘어가는 길목에 돈황 오아시스와 명사산(鳴沙山)이 있다. 낙양 북망산 기슭에 최초의 절 백마사가 창건된 것도 우연하지 않다. 우리는 낙양에서 출발하여 명사산까지 군데군데 불교 유적지를 둘러보며 특히 병영사 석굴, 용문 석굴, 맥적산 석굴 등 석굴 사원을 많이 참배하였다. 이 가운데서 대표적인 돈황 석굴은 일생일대의 순례로 여길 만큼 깊은 감동이 있다.

명사산은 모래가 사각사각 소리를 내어 운다는 뜻인데 이런 산

◐ 돈황에서 가장 멋진 곳의 하나인 원망구층누각(遠望九層樓閣).

은 돈황의 명사산 외에도 영하(寧夏)의 사파두(沙坡頭), 내몽고의 향사만(響沙灣) 등이 있다. 천산산맥의 깊숙한 곳에서 사람을 혼미하게 할 정도로 신비스럽게 우는 명사(鳴沙)이다.

  높이 100미터 남짓한 명사산의 위치는 천산산맥의 북쪽으로 물러나 앉은 합밀(哈密), 파리곤(巴里坤), 이오(伊吾) 이 세 현(縣)의 경계 지점에 있다. 아주 특이하게 주위 사막과 어울리지 않게 푸른 숲으로 짙게 둘러싸여 있다. 비유로, 푸른 숲 바다 가운데에 선 사막의 산은 하나의 노란 섬이다. 역사의 기록을 들추면, 명사산과 그 주위는 치열한 전쟁터로 일대 살육의 장이었다. 모래 울음은 원한을 풀지 못한 이런 영가들의 한을 풀어 주기 위해 들리는 소리인지도 모른다. 모래 울음은 땅속의 신비한 연주이며 자연계의 미묘한 악장(樂章)이다. 여기에 따른 고사가 있다.

  당나라 때의 일이다. 장군(將軍) 번리화(樊梨花)가 첫 번째 서쪽 정벌을 나서서 이 곳에서 야영을 할 때였다. 48부대 대군을 이끌고 나섰으나 하룻밤 새에 그만 황사에 묻히는 불행이 있었다. 이리하여 정벌의 꿈은 수포로 돌아갔다. 두 번째 정벌에서는 적군을 대패시키고 승리를 거두었다. 매몰된 영가들도 승리의 기쁨을 군악으로 연주했다. 전고성(戰鼓聲), 군호성(軍號聲), 함살성(喊殺聲), 가야금 소리, 노래 소리, 박수 소리, 어떤 때에는 닭이 꼬끼오 하고, 개가 멍멍멍 짖기도 하는 소리가 끊임없이 들렸다고 전해온다. 1987년 9월에는 자연 과학가와 지리학자 40여 명이 와서 이런 소문을 토대로 소리를 주위 깊게 관찰하고 비교 검토한 결과 4대 명사 가운데서 으뜸이라는 평가를 내렸다.

산 아래에는 조그만 개울 줄기와 눈썹 모양의 월아천(月牙泉)이 있다.

사막의 불국토

'명사산에서 삼위산(三危山) 쪽으로 건너다 볼 때에 천불(千佛)이 금빛 저녁놀 속에 나타나 보였다. 낙준 스님은 이 곳 선 자리를 인연의 터로 보고 최초 석굴을 파서 절을 창건하였다. 시대는 366년의 일이며 굴 위치는 지금의 막고굴에서 제14굴이다.'

돈황 기록은 창건 내력을 간단하게 담고 있다. 이 때는 돈황에서 대대로 살아온 '돈황 보살' 축법호(竺法護) 스님이 법화경 번역을 최초로 시작한 때(266~313)로부터 약 100일 후의 일이다.

이 석굴 사원은 492개의 석굴이 벌집 같은 모양으로 층층이 붙어 있다. 13세기 무렵까지 약 천 년간 이뤄진 것인데 모양이 제각기 다르다.

석굴의 조성 방법은 지상 건물과는 다르다. 맨 위 천장에서부터 파고 들어가 차츰 아래로 내려가는 방법을 썼다. 몇 년, 몇 십 년, 몇 백 년씩 걸린 석굴이 많다.

석굴 내부 구조에서 네 벽은 도배지로 싸 바르듯이 전체를 벽화로 조각하는가 하면, 천불, 천탑 등을 모셔서 변상도(變相圖)를 재현한 곳이 눈에 띈다. 장엄한 모습은 지상의 벽화와 비유할 바가 아니다.

《삼천불 명호경(三千佛 名號經)》이 이 벽화를 근거로 하여 만들어졌다는 사실은 야나기다 세이잔 학자의 글에 상세히 밝혀져

◐ 낙타를 타고 돈황 '명사산'을 넘고 있다.

있다. 《법보단경》, 《나선 비구경》, 《천불 명호경》이 세 경은 애초 부처님이 설하지 않으셨지만 경과 대등하다고 보아 일부러 '경' 이름을 붙인 특이한 예를 가지고 있다.

돈황 석굴 가운데 가장 인상깊은 두 석굴을 소개하고자 한다. 하나는 막고굴 제3굴이고 다른 하나는 막고굴 제17굴이다.

'가장 높은 곳'이란 이름과 같이 '막고굴(莫高窟)' 제3굴은 높은 곳에 있다. 여기에 요즘 눈에 많이 뜨이는 〈천수천안 관세음보살상〉이 벽화로 남아있다.(워낙 시간에 쫓겨서 실제 벽화는 보지 못하였고 자료만으로 보았다.) 석각을 잘하는 이가 이 벽화를 모사(模寫)하여 석각한 게 '천수천안 관세음보살상'이고, 탁본은 이 석각에서 탁본한 것이다. 아주 정교해서 감탄할 만하다.

법화경 안에 관세음보살 보문품이 들어 있고 보문품 안에는 구구절절 관세음보살의 위대한 힘을 찬탄하는 대목으로 가득차 있다. 사막을 건너는 대상(隊商)들이 발원하였다면 그 발원은 보문품의 내용과 같이 관세음보살의 가피력을 비는 발원이 아니었나 상상해본다.

"설사 원수나 도둑들이 에워싸서 칼을 들고 해치려고 하는 경우를 만나더라도 관세음보살을 생각하는 힘을 입으면 도리어 그들은 자비심을 일으킬 것이다."

"설사 해를 입힐 뜻을 가지고 불구덩이 속에 쳐넣는다고 해도 관세음보살을 생각하는 힘을 입으면 그 불구덩이는 연꽃으로 변할 것이다."

돈황 석굴은 이런 대상(隊商)들의 황량한 사막 위의 안식처이자, 오아시스 불국토이다.

사막의 오아시스, 돈황(下)

막고굴 제17굴

막고굴의 위치는 돈황 시내에서 남동쪽으로 25킬로미터 떨어진 지점이다. 위치를 보면, 막고굴 전면 입구는 깎아지른 듯한 명사산 동쪽 기슭 절벽에서, 서(西) 청룡등 줄기에 자리하고 앉아 동쪽을 좌향으로 하고 삼위산(三危山)과는 서로 마주보고 있다. 굴 앞으로는 탁트인 경계가 그만이다.

이 거대한 막고굴의 불사에 동참을 한 나라는 16나라에, 역대로는 북위, 서위, 북주, 수, 당, 오대, 송, 회골, 서하, 원 등 11대 조정이 전후 1천여 년 동안 동참하여 수많은 석굴을 파고 회화용 석료 염료 등을 공급하여 원만히 회향하도록 도와주었다. 당대에는 천여 개 석굴의 불당, 법당, 승당이 있었다고 하나 현존하는 것은 492개이다.

규모로 본다면, 돈황 대석굴에 보존된 벽화의 총 면적은 4만 5천여 평방미터이고, 아름답게 빚어낸 불보살님 등의 상은 2천여 분, 비를 피하기 위해 설치한 당송 대에 만든 석굴 전면 나무 처

◐ 오따니 탐험대가 찍은 막고굴 전경으로 몹시 허물어진 입구.

마는 5좌이고 제17굴 장경동(藏經洞)에 봉안된 문헌과 예술품은 수만 건 - 이로써 돈황 막고굴은 중국의 유구한 역사에서 세계에 자랑할 만한 최대의 보물이고, 최고(最古)의 문화유산이며, 가장 뛰어난 예술 박물관으로 손색이 없다는 평가를 받았다.

이 불사의 근간에는 물론 신심이 있는 불자들의 피와 땀이 없이는 어려웠다. 그러나 돈황 예술은 불교 예술의 테두리를 뛰어넘어 이제는 불교만의 전유물이 아니고 중국문화의 결정체이자 세계문화의 유산이 되었다. 지금도 참배하는 이들은 누구나 돈황 예술의 강렬한 흡인력에 매료되어 할 말을 잃고 감탄을 한다.

돈황 문물이 햇빛을 보기까지

1900년은 돈황 문물이 발견되는 놀라운 시기이다. 당시 돈황 석굴 사원의 주지로는 도교의 도사 왕원록(王圓록)이었다. 왜 도교의 도사가 불교 사원의 주지였느냐 하고 의문이 다소 생기겠지만 중국에서는 능히 가능한 일이다. 지금도 ㅇㅇ암 하면 도교의 사원으로 주불은 석가모니불, 좌우보처로는 노자님과 공자님을 양켠에 모시고 있다. 우리 나라의 경우 작은 절을 뜻하는 ㅇㅇ암과는 차이가 있다. 또 청(淸)ㅇ사 하면 이슬람 사원을 나타낸다. 청(淸)ㅇ사라고 현판이 걸린 곳을 무턱대고 불교사원으로 생각하고 참배하러 들어갔다가 약간 봉변을 당한 경우가 있다. 왜냐하면 이슬람 교도는 배타성이 강하여 이교도의 참배를 완강하게 막기 때문이다.

　이야기를 다시 1900년 발굴 당시 장면으로 옮긴다. 어느 날이다. 주지 왕원록이 제17굴에 흐트러진 사토(沙土)를 치우는 울력을 하던 중, 담배 연기가 갈라진 벽틈을 타고 장경동(藏經洞) 쪽으로 빠져나가는 것을 발견한 게 이 놀라운 돈황 문서 발굴의 효시이다. 천 년 잠든 불교의 경서가 깨어나는 순간이다.

　내용물은 3세기에서 11세기까지 이 사이에 쓰여진 원형 한자 불전(佛典)이며 원시불교 문헌은 당시 사회상을 알려주는 귀중한 자료이다. 스님의 좌상이 발견되었는데, 8세기 이 지방 도승통(都僧統) 홍변(洪辯) 화상으로 밝혀졌다.

　왕원록은 보고서를 작성하여 세기를 놀라게 하는 돈황 문서 발굴 소식을 북경에 전하였다. 그러나 시국이 안정되어 있지 않아 행정기관에서는 이를 외면하고 있었다. 또 연구진과 보존에 필요한 최소한의 경비도 없어서 그냥 방치해 둘 수밖에 없었다.

돈황 문물의 분산

한편 유럽에는, 돈황 석굴 역사가 돈황 문물이 출토되기 한 해 전인 1899년에 헝가리 지질학자 라요쉬로치에 의해 소개된 데 이어서, 다시 돈황 문물이 출토되었다는 놀라운 소식이 단편적이나마 유럽 탐험가들의 귀에 풍문으로 전해지자 돈황 문물에 눈독을 잔뜩 들이기 시작하였다.

최초로 손을 댄 이는 영국의 지질 학자 스타인(Aurel Stein)이었다. 1907년에 그는 주지 왕원록에게서 헐값으로 대량을 구입해 대영 박물관으로 가져갔는데 내용은 살펴볼 겨를이 없었고 다만 급한 김에 표지가 성한 책만을 골라 챙겼다.

두 번째로 나타난 이는 중국어를 아는 프랑스 신부이자 동양학자 펠리오(Paul Pelliot)였다. 1908년에 그는 돈황 부근 우루무치에 있다가 돈황에 뛰어들어 차근차근 시간을 두고 문헌 내용을 살펴보면서 실속있게 귀중한 것을 골라내서 대략 만 권쯤 되는 양을 프랑스 박물관으로 가져갔다. 이 속에는 우리에게 그 때까지 제목만 알려진 혜초 스님의 《왕오천축국전(往五天竺國傳)》이 들어 있다. 아마도 표지가 떨어져 나간 이 책은 최초에 손을 댄 스타인의 눈에는 띄지 않았던 모양 같다.

독일은 한발 늦어서 조각된 불화 벽을 벽 채로 떼어갔다. 그 뒤로도 일본, 미국 등 각국의 탐험가들의 손에 넘겨졌다. 애석하게도 나중에 돈황 문물의 귀중함을 깨달은 중국 정부는 심혈을 기울여서 주워 모아 보았으나, 겨우 유럽의 반 정도밖에 되지 않는 돈황문서를 북경에 보관하는 것으로 그쳤다.

끝으로, 우리 나라에 일부 들어와 있는 돈황 문물 이야기이다. 어떤 경로를 거쳐서 국립박물관에 소장이 되었을까. 영국에 유학한 바가 있는 일본의 정토진종(淨土眞宗) 주지 오오따니(大谷光瑞, 1876~1948, 73세) 스님이 스타인에게 영향을 받고 돈황으로 탐험대를 급파하여 천신만고 끝에 옮겨온 것의 일부이다. 이 때 사찰 돈을 얼마나 많이 썼던지 그 뒤 사찰 재정이 기울자 주지직에서 물러나게 되었다. 돈황 문서도 네다섯 부분으로 나눠져 뿔뿔이 흩어지면서 한 부분은 정치 거간을 통해 당시 조선 총독의 손에 닿아 서울 국립박물관에 소장되기에 이르렀다. 이런 배려는 총독이 한국을 위해 한 것이 아니고 천 년 만 년 한국을 일본 제국으로 삼으려는 데서 출발해서, 자신의 문화정책을 후세의 공적으로 남기고 싶었던 공명 때문이었다. 그러나 역사는 8·15 광복의 날을 가져다 주었다. 총독은 해방이 되자, 미쳐 이 돈황 문물에는 손을 쓰지 못하고 일본으로 단신 돌아가고 말았다. 6·25 때에는 부산으로 옮겨졌다. 이 때 천막촌에서 불이나 규장각 문서 일부는 불탔으나 이 돈황 문물은 불에 타

◐ '돈황을 팔아 먹는 사나이'로 악명을 남긴 왕원록 도사

지 않고 가까스로 보존할 수가 있었다.

불교계에서는 《법보단경》, 《돈오입도요문》 등 조사어록의 옛 본이 발견되면서 지각변동을 가져올 만큼 놀라운 힘으로 관심을 크게 모았고 불교사, 특히 선종사가 보다 참신하게 정리되는 데에 귀중한 자료로 떠올랐다. 현재 세계적인 돈황 연구소는 프랑스 빠리에 있다. 중국인들도 빠리에 가서 돈황 문서를 연구할 정도이다. 신라의 고문서인 혜초 스님의 《왕오천축국전(往五天竺國傳)》도 아직까지 거기에 보관되어 있다.

영은사의 도인들

　영은사(靈隱寺)는 항주(杭州)의 아름다운 호수 서호(西湖) 북켠 가에 자리한 유서 깊은 고찰이다. 동진 함화 원년(326년)에 창건되어 약 1천 6백 70여 년의 역사가 곳곳에 배어있다. 그 동안 병화가 16차례, 흥망성쇠의 기복도 그만큼 많았다.
　그래도 옛것은 고스란히 보존되어, 고풍 품격을 유지해왔다. 천왕전 앞의 양좌(兩座) 경당(經幢) 탑은 북송 개보 2년(969년)에 건립되었고, 대웅보전 앞의 양좌 다층 석탑은 북송 건륭 원년(960년)에 세워진 불교 문화재이다. 조형의 우미함과 조각의 정교함을 크게 인정받고 있다.
　삼층 대웅보전은 청조 광서 말년에 건립 불사를 하였는데 해방 후 두 차례 화재로 소실된 바가 있다. 높이 33.6미터, 이것은 중국의 옛 건축 예술의 품격인 다층(多層) 중첩 기법이 살아나 대단하게 역사적인 의미가 큰 문화유산이다.
　대웅전 안에 모셔진 웅장한 대불(大佛) 역시 꿈틀 움직일 듯한 생동감이 있다. 석가모니 불상은 1956년에 향나무를 써서 높이

24.6미터로 모신 목불(木佛). 관세음 보살상은 청조 광서 말년에 조성불사를 하였다. 천왕전 안의 사천왕상은 1932년에 조성 불사를 하였고 남방 8천의 하나인 빼어난 위타(韋陀)상은 800년의 역사를 지녀 중국의 귀중한 예술품으로 평가받고 있다.

참배객들에게 눈길을 크게 끄는 곳은 역시 입구 쪽의 '종합 석불'이다. 중국의 유명한 절에 모셔진 석불(石佛)이 한자리에 재현되어 참배객들에게는 볼거리가 아주 많다. 거대한 하나의 노천(露天) 석불전(石佛展)이다. 이 가운데 포대화상이 껄껄껄 배꼽을 내놓고 웃는 모습이 일품이다.

포대(布袋) 화상 미륵불

그는 출가본사가 영은사인 계차(契此, ?~916) 스님이며 '포대화상'은 큰 포대 하나를 들고 다녔기 때문에 지어진 이름이다. 누

◐ 〈종합석불〉 가운데 모셔져 있는 미륵불의 화신 포대화상.

가 뭘 주든지 거절을 하지 않고 포대에 담았고 누가 뭘 달라고 하면 또 무엇이든지 주었다. 포대는 우주를 담는 그의 마음 그릇이다. 온갖 욕설을 다 받아들였고 온갖 칭찬을 다 내쏟아서 껄껄껄 웃는 모습이 나온다.

이 웃음이야말로 포대 화상의 상징이다. 특히 어린아이들이 좋아했다.

미래의 부처인 미륵불의 화신으로, 민간신앙에서는 칠복신(七福神)의 한 분으로 모셔진다. 그는 배불뚝이에 껄껄껄 웃고 다니는 반미치광이에 지나지 않는 비승비속(非僧非俗)이었으나 어떻게 그렇게 존경을 받는 미래 부처의 상징이 되었을까.

한 마디로, 그는 천왕전(天王展) 중앙에 주불로 모셔져서 사천왕의 옹호를 받고 있을 만큼 대단한 인물이다. 마음이 포대와 같이 열린 사람, 모든 것을 다 받아들이고 모든 것을 다 내쏟을 수가 있는 사람 - 그가 미래불의 화신으로 와서 우리 앞에 내보여준 것이다.

격을 차리지 않았으나 격을 지킨 이보다 위대하였고 승가의 위엄을 버렸으나 승가의 위엄을 지킨 이보다 존경을 받았다.

활불(活佛) 도제(道濟, 1148~1209, 62세) 스님

새로운 사바세계 생불(生佛) 활불(活佛)이 포대화상 이후 약 250여 년이 지나 출현하였다. 출가본사 역시 영은사이다. 터가 그래서 그런지 물이 그래서 그런지 하여간 빼어난 인물이 속속 이어졌다. 그는 보통 제공(濟公) 스님, 취보리(醉菩提)로 소설이나 드라마에서 더 잘 알려져 있다.

선한 이를 돕고 악한 이를 골탕먹이는 '미친 중', 그래서 제전(濟顚)이나 전승(顚僧)으로 비칭되기도 한다. 헌 모자, 헤어진 옷, 꿰맨 신의 차림새이나 성격은 소탈하고 얽매임이 없었다.

한 가지 재미있는 사실이 있다. 활불 제공 스님이 활동하였던 13세기 무렵은 보조(普照)국사가 한국 불교를 중흥시킨 무대인데, 일본에서도 영평사 중흥조 도원(道元) 선사가 활동하였고, 이태리에서도 카톨릭의 새로운 장을 연 프란치스코 성인이 '가난한 작은 형제의 모임'을 만들어서 활동하였다. 이 네 분들은 가령 인터넷을 통해서 만나려고 하였다면 당대에 모두 만날 수가 있었던 동시대의 인물이다.

◐ 제2의 포대화상 제공(濟公) 스님의 상.

보조국사, 도원선사, 활불 도제 스님, 프란치스코 - 나그네가 그 동안 불은에 힘입어 세계 20여 국을 여행한 덕분으로 이분들의 성지와 연고지를 참배할 수가 있었다는 데에 행복을 느낀다.

각설하고, 그는 18세 때에 영은사에 출가하여 도량이 넓은 원할(遠瞎) 노사를 은사로 수계

하였다. 그가 광기 비슷한 게 있었고 주육을 즐겼을 때에,

"불문이 넓고 크거늘 어찌 미친 중 하나 용납하지 못하는가?"
하고 원할 노사가 대중의 수군거림을 잠재우기에 앞장섰다.

활불 도제 스님은 임제종맥(臨濟宗脈) 양기파(楊岐派)의 선사로 법력이 대단하고 의술까지 갖춘 신의(神醫)이다. 그는 첫눈에 보면 무척 초라해 보이지만 정말 가까이서 잠시라도 지내보면 부처인 줄 느끼게 되는데, 감화력이 뛰어난 활불인 탓이다. 영은사는 이런 저런 도인으로 해서 더욱 유명해져서 주변 서호의 아름다움과 더불어서 정말 며칠이고 머물면서 젖어들고 싶은 불교 유적지의 하나이다.

◐ 불상이 특이하게도, 와불(臥佛)은 우협(右脅)인데 이 곳은 어긋나게 좌협(左脅)이다.

묵조선 도량 천동사

蒿里新墳 盡少年
修行莫待 鬢毛班
死生事大 宜須覺
地獄時長 豈等閒

쑥대밭의 새 무덤 모두가 미소년이네
나이만 먹는다고 수행이 되는 건가
생사의 큰 강에서 생사를 뛰어넘게
지옥의 과보가 긴데 빈둥빈둥 놀건가.

강원 시절 치문(緇門)반 때에 읽은 굉지 스님의 법문 한 대목이다.

나그네는 굉지 스님에 대한 흠모의 뜻을 품고 천동사(天童寺)를 참배한 것인데 어이없게도 그 날 추억은 별로 좋은 편이 아니다. 왜냐하면 이상한 스님(?)이, 나그네가 절 이곳 저곳을 사진 찍는 모습을 지켜보고는,

"아, 외국 스님이시오? 좋은 곳이 있소. 사진을 찍으려면 나를 따라 와요." 하고 친절하게 안내를 하는 척하다가 으슥한 곳으로 계속 데리고 가서 인적이 없는 절 한쪽 귀퉁이에 가서는 길을 막고 서서,

"돈이 있소? 이 말을 알아듣겠소?" 하고는 약값과 노자를 떼어 달라는 것이다.

하하하. 그 거대한 묵조선의 대종장 굉지(宏智) 스님을 낳은 천동사는 어디로 가고 이런 미꾸라지 같은 이가 도량을 흐리게 하는가. 그는 외형으로 봐서는 일반 스님이나 다름이 없었으나 태도는 학교 주위의 불량배와 똑같았다. 이런 경우를 여기 말고도 또 다른 절에서 겪은 바가 있는데 이런 도(盜)선생 이야기를 꺼내기까지 고충이 컸다. 왜냐하면, 자칫 오해를 불러 일으켜서 승가 전체며, 중국불교, 특히 굉지 스님 등 큰 스님네를 욕되게 하는 경

◐ 가운데에는 만법조종(萬法朝宗) 네 자가 뚜렷히 새겨져 있는 천동사 방생지(放生地).

우가 되지 않을까 하는 염려 때문이다. 사실 애교로 봐주고 붉은 봉투 안에 빳빳한 보시금을 넣어 준비를 해둔 터인지라 별 어려움이 없이 넘겼다. 이후로 나그네는 좀 생각한 바가 있어서 일상 쓰는 방 안에도 도(盜)선생을 위한 약간의 인사치례랄까, 일당(日當)에는 미치지 않겠지만 약간의 보시금조로 봉투를 준비하게 되었다.

이와는 달리 임제사(臨濟寺)에서는 춘추가 80이 넘으신 노스님이,

"아, 그 먼 한국 땅에서 어찌 혼자 왔단 말이오?" 하고는 나그네를 대접하며 가지신 것을 모두 꺼내 손안에 꼭 쥐어 주신 적이 있었다.

한국 스님을 평생 처음 보는 노스님은 한국이 천리 만리 아주

◐ 현판 글씨가 유난히 큰 천왕전.

먼 곳으로 생각하신 것이다. 마치 인도로 구법(求法)의 길을 떠날 때에 생사를 목전에 두고 행장을 챙긴 현장법사의 모습을 상상하신 것 같았다. 처음에는 종무소 재무 스님을 불러서 노자 봉투를 잘 준비하라고 지시했다가 마음 속으로 적다는 생각이 드셨던지 다시 시자에게 이곳 저곳 돈 봉투를 죄다 가져오게 하고는 마지막에 가서는 자신의 호주머니까지 다 털어서 거금을 쥐어주셨다.

나그네는 지금도 잊지 못한다. 아무 물정을 모르는 사람 모양으로 죄다 쥐어주고 싶어하신 그 노스님의 자비심을! 참으로 무소유 성자를 본 것 같았다. 하긴, 제게 잘해주면 무조건 좋다 평하고 제게 해롭게 하면 무조건 싫다 평하는 게 나그네의 심정일지도 모르니까.

각설하고, 이 절의 역사와 묵조선(默照禪)에 대해서 살펴본다.

화두선과 묵조선은 서로 가풍이 달라서 수행 방법에 차이가 있을 뿐 깨달음에 있어서는 조금도 차이가 없다. 본래 부처이기 때문에 좌선의 자세에서 묵조(默照)의 고품격 상태를 잘 유지하고자 할 뿐, 화두(話頭)를 드는 일이 전혀 없는 묵조선에 대한 설명은 여기서 생략한다.

중국의 선종(禪宗) 5산 중 제2산인 천동산(天童山) 천동사는 1,700년 전에 의흥(義興) 스님에 의해 창건되어 묵조선의 도량으로 천하에 이름을 떨치게 되었다. 최초의 절터는 현재의 절터에서 2킬로미터 떨어진 고천동 터였다.

두 번째 불사는 757년에 법선(法璿) 스님이 일으켜서 태백산

(太白山, 656m 천동산의 옛 이름) 동쪽 기슭인 지금의 터로 옮겨 사호도 태백정사(太白精舍)라고 고쳤다. 그 이후에 송대에는 경덕사(景德寺), 명대에는 천동사로 다시 개칭되어 오늘에 이르렀다. 천동산의 아름다움은 16경(景)으로 구분되어 화폭에 그려지곤 하였다. 천동사의 가람 규모는 원래 990칸인 웅장한 대찰이었으나 현재는 약간 줄어들어 730여 칸만 남아 있다.

일본 불교와는 아주 긴밀한 유대가 이어지고 있다. 일본의 양대 선종 뿌리는 천동산이기 때문이다. 임제종의 영서(榮西) 스님과 조동종의 도원(道元, 1223년) 스님 등 양대 개산조 모두가 이 도량에 와서 수학을 하여 법을 전해 받았던 전법 도량인 까닭에 일본불자들에게는 다른 어떤 명승고찰보다 관심을 끄는 성지순례지이다.

천동사의 대표적인 선승으로 조동종 제10세 굉지 정각(宏智正覺, 1091~1157, 67세) 스님을 비롯하여 조동종 제13세 장옹 여정(長翁如淨) 스님 등이 꼽히는데 화두선(話頭禪)의 대종장 대혜 종고(大慧宗杲, 1089~1163, 75세) 스님과 동시대에 살았던 굉지 정각 스님의 행장을 간략히 살펴본다.

굉지 정각 스님의 속성은 이(李) 씨이며 습주(鍛州) 사람. 일찍이 유학을 익혀 오경(五經)을 통하였고 11살 때에 출가, 뒷날 나이가 차서 비구계를 받았다. 여러 곳을 참방하며 공부를 하다가 단하 자순(丹霞子淳) 선사를 만나 인가를 받았다. 사주의 보조사(普照寺), 서주의 태평사, 강주의 원통사, 능인사 등의 여러 사찰을 거쳐서 뒤에 장로사와 천동사의 방장으로 주석하면서 접인한 학인의 숫자는 무려 만 명을 헤아리게 되었다. 천동사에서 30년간 방장으로 주석한 굉지 정각 스님은 묵조선 천동파의 수장. 굉지 스님의 행장을 살펴보면 대혜 스님보다 먼저 출가, 오도(悟道), 출세한 구참 선배임을 알 수가 있다.

남송 고종 소흥 27년에 대혜 종고 스님에게 후사를 유언으로 남기고 열반에 들었다. 세속 나이가 두 살 손위인 대혜 종고 스님은 꼭 그런 뜻만이 아니겠지만 예를 다해 장례를 치뤘다.

흔히 대혜 종고 스님이 그를 철저하게 배격한 것으로 알려져 있는데 그건 나름대로 화두선의 견지에서 묵조선을 내리친 일종의 가풍에 지나지 않는다. 교류 관계에 있어서는 절친하였고 따뜻하였다.

사람들은 그게 잘 되지 않는 것 같다. 옳고 그른 것을 논하려고 할 때에 썩 합리적이지 못해서 전부냐, 아니냐 한다. 30%가 그르고 70%가 옳은 경우에도 그 정도로 평가를 합리적으로 내리기보다 100% 그르고 100% 옳은 쪽으로 택한다. 이성적이지 못하다는 뜻이다.

대혜 종고 스님이 굉지 정각 스님에게 보인 태도는 그렇지를 않았다. 법을 세우는 데에 있어서는 철저하게 날카로운 칼날로 내려쳤지만 인간적인

○ 명산 태백산 줄기에 선 천동사 현판 중의 하나.

교류에 있어서는 아주 따뜻한 마음을 가지고 있었다. 공(公)과 사(私), 옳은 점과 그른 점이 확실하였다.

그 실례를 살펴보면, 서장(書狀)에서 묵조선을 비판하는 필봉은 준엄하다.

한편, 굉지 정각 스님의 장례식을 집행하는 대혜 스님의 법어는 그 이상 가는 찬사가 없을 정도로 드높았다.

젊은 스님들이 친절한 운문사(上)

말로만 듣던 유명한 운문사(雲門寺)는 광동성 유원현 운문산에 있다. 운문종(雲門宗)의 조정(祖庭)으로 원래 이름은 광태선원(光泰禪院)이었는데 요즘은 대각선사(大覺禪寺)로 현판을 달고 있다.

오대(五代) 이후 당 광종 때(923년)에 운문 문언(文偃) 스님이 이 절을 창건하고 선법을 크게 떨치면서 운문종이 시작되었다. 운문종은 북송 무렵 전성기로 번창하였다가 남송 말기에 시들해져서 약 200년간 지속한 셈이다.

운문종의 정맥은 육조 혜능에서 청원행사에게 법이 전해졌고, 청원행사에서 석두희천으로, 석두희천에서 천황도오로, 천황도오에서 용담숭신으로, 용담숭신에서 덕산으로, 덕산에서 설봉의존으로, 설봉의존에서 운문문언으로, 뒷 사람이 여기에서 운문종을 세운 것이다.

운문종의 흔적은 찾아볼 길이 없고 다만 총림 요칙 이십조(叢林 要則 二十條)란 경구(警句)가 법당 벽에 붙어 있어 여기에 옮겨본다. 이 경구는 이 곳 말고도 임제선사, 백림선사 등 법당 벽에서 흔히 볼 수 있는 내용이다.

이 곳에서 멀지 않은 백장산(百丈山)에서 선종의 새 가풍을 일으킨 백장선사는 자신을 위해서는 '일일부작 일일불식(一日不作 一日不食)'이란 말을 써서 몸소 총림의 청백 가풍을 세웠고, 후진을 위해서는 이 총림 요칙 이십조를 제정하여 경책하였기에 '일일부작 일일불식'과 함께 새의 양쪽 날개와 같은 귀중한 법문이다.

① 叢林 以無事 爲興盛
   총림은 무사로써 흥성함을 삼는다.
② 修行 以念佛 爲隱當

◐ 좌우벽에 대개 16나한상 혹은 18나한상이 빽빽이 모셔져 있는 대웅보전.

수행은 부처님을 생각함으로써 온당함을 삼는다.

③ 精進 以持戒 爲第一

정진은 지계로써 제일을 삼는다.

④ 疾病 以減食 爲湯藥

질병은 감식함으로써 탕약을 삼는다.

⑤ 煩惱 以忍辱 爲菩提

번뇌는 인욕함으로써 구도심을 삼는다.

⑥ 是非 以不辯 爲解脫

시비는 말하지 않음으로써 해탈을 삼는다.

⑦ 留衆 以老成 爲眞情

회중에 머무름은 늙어 다하기를 본 뜻으로 삼는다.

⑧ 執事 以盡力 爲有功

소임은 전심전력함으로써 공을 삼는다.

⑨ 語言 以減少 爲直截

언어는 감소함으로써 직절을 삼는다.

⑩ 長幼 以慈和 爲進德

서열은 자비로 화합함으로써 진덕을 삼는다.

⑪ 學問 以勤習 爲入門

학문은 부지런히 익힘으로써 입문을 삼는다.

⑫ 因果 以明白 爲無過

인과는 명백히 함으로써 허물없음을 삼는다.

⑬ 老死 以無常 爲警策

늙고 죽음은 무상으로써 경책을 삼는다.

⑭ 佛事 以精麗 爲切要

　　불사 일은 깔끔히 함으로써 절요함을 삼는다.

⑮ 侍客 以誠實 爲供養

　　객을 모시는 것은 성실로써 공양함을 삼는다.

⑯ 山門 以耆舊 爲莊嚴

　　산문은 옛것을 좋아함으로써 장엄함을 삼는다.

⑰ 凡事 以豫立 爲不勞

　　범사에는 예비함으로써 편안함을 삼는다.

⑱ 處衆 以謙恭 爲有禮

　　대중 생활은 겸손함으로써 예의를 삼는다.

⑲ 遇險 以平亂 爲定力

　　위기에는 평정으로써 정력을 삼는다.

⑳ 濟物 以慈悲 爲根本

　　가난한 이를 도움은 자비로써 근본을 삼는다.

백장 스님의 20조의 이 규칙이 천 년의 총림 기틀을 마련하였다고 한다. 특히 눈길을 끄는 대목은 아프면 감식함으로써 탕약을 삼는다는 조목이다. 식사를 줄여서 병을 치료한 옛 사람이시다. 어디 요즘 우리에게는 통하기나 하는 말씀인가. 약국과 병원 출입을 즐기는 세태가 돌아봐지는 대목이다.

또한 옛 사람의 언행은 언제나 그렇듯이 일 없는 것으로 홍성함을 삼았다. 일이 없다는 것은 무슨 뜻일까. 공부나 불사를 잘하려고 매달리지도 않았고 그렇다고 젖혀두어 방심하지도 않았다. 억지로 꾸밈이 있는 것을 경계하였다. 출가자는 마음을 일으켜서 도를 닦는 일에 힘을 써도 못다 하는데 이것 저것 번다하게 외식 치레를 일삼는 게 어디 될 법이나 하는가. 교묘한 것 역시 불법과는 거리가 멀다. 무기교가 묘기교란 말씀이다.

이 절은 친절한 안내가 기억에 남는다. 지객 명은(明恩) 스님의 친절한 안내를 받고 나서 운수당(雲水堂)에 돌아와 보니 방장 스님은 내 걸망 안에 백장청규 일곱 권 한 질을 다른 보시품과 함께 넣어두시고 볼 일을 보시러 산문 밖으로 나가고 안 계셨다. 어떻게 내가 백장청규를 번역해서 보급하고 싶어하는 줄 아셨을까. 일본에서도 동경과 도쿄를 오고가면서 여기에 딸린 주석서를 모으기에 혈안이 되다시피 하였으나 별 성과가 없었던 차에 내게는 큰 힘이 되었다. 백장청규 증의기(證義記) 외에 고봉 선사 어록, 허운 화상 법문집과 연보 등으로 한 보따리다. 짐이 무거워서 잠

❍ 운문사 입장권. 국적을 막론하고 대개 스님 복장이면 무사 통과이다.

시 망설였으나 죽더라도 가져가야 한다는 생각이 들어 또다시 불어나는 짐을 챙겼다.

이 날은 중복으로 무덥던 날이었다. 불원(佛源) 방장 스님은 촌로와 같이 밭에서 울력으로 일을 하시다 말고 맞아주셨다. 늙은 농부가 논밭에서 김을 매다가 객손을 맞듯이 나도 늙으면 저렇게 해야지 하는 생각이 들었다.

初心是佛
發心是道場
초심이 바로 부처요
발심이 바로 도량이라.

큰스님의 법문이다. 법문을 청하자 필을 들어 이렇게 써주셨다. 처음 마음을 낸 그 마음이 부처이고 구도의 마음을 일으킨 이 때의 마음이 도를 닦는 장소란다. 불원 방장 스님은 허운(虛雲) 노사의 법맥을 이은 분이시다.

"선관(禪關)에는 삼 년 결사를 한 스님네가 다섯 분이 계시지요."

곁에서 설명을 해준다. 중국말은 벌써 잊어먹은 판인데 그 때는 대충 눈치로 알아먹었다.

운문사와 허운 노사(下)

좀더 자세하게 운문사의 내력과 종풍을 살펴보기로 한다.

운문사 대각선사(大覺禪寺)는 유원현 현성(縣城)에서 동북 6킬로미터 떨어진 운문산 자비봉 아래에 위치한다. 중국 선종의 한 종파인 운문종의 발상지로 현재 전국 중점 보호 사찰의 하나이다.

후당 광종 국광 원년(923)에 운문 문언 선사가 운문사로 옮겨와 운문종 개산조가 되었다.

운문 문언 선사(864~949, 86세)는 선종 제13대 종사, 속성은 장씨, 절강성 가흥(嘉興) 사람이다.

15세 때에 가흥 공왕사(空王寺)에 출가하여 지징(志澄) 율사를 은사로 득도하였다.

운문산에 주석하고 있을 무렵 그 당시 나이는 59세, 측근에 실직한 제자 여럿을 두고 있었다.

다섯 해 동안 숲이 우거진 운문산에 범찰을 짓기 시작하여 후천성 2년(927)에 준공을 보게 되었다. 광태선원(光泰禪院)은 남한 왕이 창건 당시 내린 사호이고 증진선사(證眞禪寺)는 뒷날 개명된 사호이다. 대각선사(大覺禪寺)는 송 건륭 4년(966) 착령으로 명명되어 오늘에 이르고 있다. 그러나 운문산 아래에 자리하고 있기 때문에 흔히 운문사(雲門寺)로 많이 부르고 있다.

운문종의 종풍은 임제종과 마찬가지로 살불살조(殺佛殺組)의 날카로운 기백이 넘친다. 만불은 모두 진여(眞如) 자체를 드러내며 불성(佛性)이 있다고 한다.

운문삼구(雲門三句)는 운문 선사의 독자적인 이론으로 〈오등회원(五燈會元)〉을 근거로 살펴본다.

운문 선사가 어느 날 다음과 같은 법문을 하였다.

"내게 삼구화(三句話)가 있어, 대중들에게 보인다.

한 구는 함개건곤(函盖乾坤)이요, 천지를 감싸 덮고 다른 한 구는 절단중류(截斷衆流)요, 중류 시공(時空)을 끊어 없애고 또 한 구는 수파축랑(隨波逐浪)이요, 파도가 오면 파도를 따르고 물결이 오면 물결을 따른다.

만약 이 말의 뜻을 알아차린 참학자가 있다면 장안으로 들어오는 길이 활짝 열릴 것이다."

운문 선사는 스스로 운문삼구(雲門三句)를 일러 운문검(雲門劍)이라고 하고 취모검(吹毛劍)이라고도 하며 참학자를 맞아들였다. 당시 문하 제자들은 운문 선사의 가르침을 받고 번뇌를 끊고 해탈한 이가 헤아릴 수가 없이 많았다.

운문삼구(雲門三句)에 사족(蛇足)을 단다면,

제1구는 일심문(一心門)이요 법신불(法身佛)이며,

제2구는 진여문(眞如門)이요 보신불(報身佛)이며,

제3구는 생멸문(生滅門)이요 화신불(化身佛)이다.

　운문 선사가 대각선사에 주석할 때에 문하에는 수백 명의 출가승이 기거하였고 전당 누각 등은 장엄 찬란하여 일대 성황을 이루었다.

　운문사는 중국 남 선종(南禪宗), 임제종·위앙종·조등종·운문종·법안종 등 5종 본산의 하나. 독특한 종풍으로 당 오대에 일어나 송대에 들어 크게 번성하여 남방에서 북방으로 퍼져나가 한때는 임제종과 비견할 만큼 융성하였다. 남한 건화 7년(949) 음력 4월 10일 자시(子時)에 운문 문언 선사는 운문사에서 입적하였다. 시신은 선탑 안에 봉안하여 모셔왔는데 최근에 안타깝게도 문화혁명 당시 여러 불상과 함께 어리석은 이들의 만행으로 복구 불능의 상태로 파괴되고 말았다.

　운문사는 천여 년의 세월 흔적을 당(唐) 비석 두 기(基)에서 찾아볼 수가 있다.

　비문 하나는 남한 대보 원년(958) 뇌악(雷岳)이 지은 〈대한소주 운문산 광태선원 고 광진대사 실성비명 병서(大漢韶州 雲門山 光泰禪院 故 匡眞大師 實性 碑銘 幷序)〉이고, 비문 다른 하나는 남한 대보 7년(964) 진수중(陣守中)이 지은 〈대한소주 운문산 대각선사 대자운 광성 홍명 대사 비명 병서(大漢韶州 雲門山 大覺禪寺 大慈雲 匡聖 弘明 大師 碑銘 幷序)이며, 각 비문의 글자 수는 2, 3천 자이다.

　비문에는 운문 문언 선사의 초창기 개산 모습과 아울러서 교화 발전해나가는 당시 정황을 잘 말하여 주고 있다. 사료 가치가 뛰어나 광동성 중요 역사 문물로 지정되어 있다.

또 다른 문물이 있다. 송원우 3년 사승(寺僧) 법지(法智)가 세운 이도량비(移道場碑)이다. 글씨가 빼어나게 훌륭하여 진실로 세상에서 찾아보기 어려운 각자 비석이다. 이 밖에 보물장 안에는 고대, 근대, 현대 등 시대별로 여러 고승의 시서화 문적을 정리해서 보관하고 있다.

창건 이후 운문사는 천 수 백 년 동안, 송·원·명·청 각 조(租)의 시대를 거쳐오면서 규모는 크지 않으나 지붕 등을 고쳐 보수, 개수, 중수해 왔다.

〈소주부지(韶州府志)〉에 따르면, 운문사는 ① 북송 건중 연간(1101), ② 병 홍무 초기 (1368), ③ 명 성화 5년(1469), ④ 명 만력 11년(1583), ⑤ 만력 45년(1617) 등 명대에까지 다섯 차례 중창불사를 하였다.

청대에 와서 운문사는 몇 백 년 동안 역시 다섯 차례 중창 불사를 하였고 흥망성쇠가 잇따라 거듭되었다.

1943년은 운문사의 기념적인 날이다. 광동성 성장(省長) - 작게 우리 나라 도지사 쯤으로 보지 말라. 중국의 일반 성장은 한반도의 남북을 합한 인구와 국토를 다스리는 수장(首長)으로 우리로 치면 대통령에 해당한다. 이한혼은 고위 관료를 대동하고 허운 노사(虛雲老師, 1839~1959, 120세)께 나아가 간청을 한다.

"노사께서는 부디 운문사에 주석하여 주시기를 바라옵니다. 하루 바삐 운문 문언 도량을 중흥시켜 주시옵소서."

이 때는 항일(抗日)전쟁 중으로 곤란한 점이 한두 가지가 아니었다. 허운 노사는 아홉 해 동안 전쟁 피해로부터 민간인을 보호하고 운문사 중흥 불사를 하였다. 밤과 낮을 가리지 않고 오직 삼보를 옹호한다는 일념뿐이었다. 불당, 법당, 승당 등 백팔십여 칸을 건립하고

● 운문사의 山門. 대개 중국 사찰 입구에는 이러한 三門이 맨 앞에 서 있다.

절 앞에는 방생지(放生池)를 크게 파서 만들었다. 허운 노사의 법력으로 청정한 수도 도량이 가꾸어져 이름이 사방에 드날리자, 이 모습을 다음과 같이 기록하였다.

"서민들이 모두 고개를 숙여 예를 갖추었고 사방에서 몰려든 스님네는 구름같이 많아 종풍을 크게 떨쳤다."

이런 까닭에 허운 노사의 농선 병중(農禪幷重) 정신을 이어받은 〈대각농장(大覺農場)〉은 지금도 백 명 가까운 선방 스님과 강원 학인의 율력 터이다. 여기서 돌아보면서 나그네는 지금 우리 한국 승가에는 〈해인농장(海印農場)〉, 〈송광농장〈松廣農場)〉, 〈운문농장(雲門農場)〉 등 왜 이런 농선(農禪)이 생활화되어 있지 않나 하는 아쉬운 마음이 들었다. 허운 노사의 공덕을 기리는 곳으로는 허운 기념당과 사리탑이 있다.

피신처 대유령

조계산 보림사

조계산(曹溪山)의 유명한 남화사(南華寺)는 본래 보림사(寶林寺)였다. 육조단경(六祖壇經)의 본 무대로 알려진 까닭에 천하 선객들의 귀의처이다.

여기서 한 가지 살펴보고 넘어갈 부분이 있다.

불보종찰 영축산(靈鷲山) 통도사, 법보종찰 가야산(伽倻山) 해인사, 승보종찰 조계산 송광사 등 우리 나라 삼보종찰(三寶宗刹)이 있는 명산 이름은 연유가 있다.

영축산은 인도 지명으로 법화경이 설해진 장소이다. 실제로 인도 영축산은 삼칸 토굴이 들어설 만한 좁은 언덕이다. 높이도 100m에도 훨씬 못미친다. 우리 나라 영축산은 우람하고 장엄한 편이다.

가야산 역시 비슷한 경우이다. 우리 나라 가야산은 인도에 비하면 태산이다. 인도의 가야산은 부처님이 전정각산(前正覺山)으로 떠나기 전에 3일 머무신 곳이다. 산신(山神)이 꿈에 나타나서,

"여기는 당신의 인연터가 아닙니다."

하고 알려준다는 이야기가 있다. 그러니까 불보종찰과 법보종찰은 인도 부처님의 성지 이름을 따온 것이고 승보종찰은 중국 육조혜능 스님의 성지, 선종의 근본도량 이름을 따온 것이다. 역사가 다 있다. 영축산, 가야산 경우와 같이 중국 조계산도 몹시 작아 우리 나라 산이 오히려 태산이다. 조계산은 중국 명산사전에도 없고 주위에 있는 대유령이 명산사전에 나와 있다.

피신처 대유령

위치는 광동성 북부(114°~114°50 E, 25°30′N), 남령산(南山) 다섯 고개 가운데 하나이며 다른 이름은 태령, 동교(東嶠), 매령이다. 호남성, 강서성과 인접해 있다. 해발 1000m. 주봉(主峰) 관음(觀音)은 1428m로 험준한 편이다. 동북 강서성 대유현에서 발원하여 동북, 서남으로 내달려 광동성 남웅현(南雄縣) 북켠으로 들어갔다가 다시 인화(仁化) 분지 동켠에 와서 기세를 멈추는데, 줄기차게 뻗쳐 무려 100km에 이르는 산줄기는, 가로 사이하는 강서성 대유(大庾)와 광동성 남웅 양 분지 사이를 뚫고 북동으로 향해 달린 것이다.

○ 이 고개를 넘어 오셨을까? 육조 스님의 피신처 자취를 좇아서.

대유령의 산지는 수차 거듭되는 조산(造山)의 운동 영향으로 지질 정황이 매우 복잡하고 또한 산 정기가 맺히고 뭉쳐서 오밀조밀하며, 희유한 원소광물 등 광산업자원이 풍부하다. 대유령 탄광이 여기에 있다.

대유령은 주강(珠江)과 양자강의 두갈래가 나눠지는 분수경계이며 대유령을 중심으로 남북 기후에 차이가 난다. 이런 산지에서는 동식물의 특성이 뚜렷해 있어 자연 분포상 중요한 지역이다. 산지식물은 잘 알려진 서목(西木) 삼나무, 북강(北江) 삼나무 등, 아열대 기후 상록 활엽 숲이 무성하게 우거져 있다.

전하는 바에 따르면, 한무제(漢武帝, BC 141~BC 88) 때에 유(庾) 씨의 성을 가진 장군이 있어 여기에 성을 쌓았는데, 이로 인하여 대유(大庾)란 이름이 생겼다고 한다.

원래 대유령 산길은 무지무지 험악하였다. 당 개원 4년(716년) 승상 장구령(張九齡)이 이곳을 다스리면서 새 길 폭을 5m에서 최고 30m까지 시원스럽게 뚫었다. 오대 후에는 다시 황폐해졌다.

대유령의 유적로는 매관(梅關)과 매관 고도(古道)가 광동성 관광지로 잘 알려져 있다.

매관의 옛이름은 진관(秦關) 또는 횡포관(橫浦關)이라고 불렸고, 송대에 와서 매관이란

◐ 그 옛날 한적한 산길에 일반 국도가 뚫린 소유령 정상

이름을 썼다. 산고개에 매화나무가 많았기 때문이었다. 일설에 따르면, 한(漢)대에 매현 장군이 군대를 이동해와 이곳에 주둔케 하였다는 데서 매관(梅關)이 연유하였다고 전한다.

6조 혜능(惠能) 스님이 대유령을 피신처(避身處)로 삼는 데에는 나름대로 계산이 서 있었다. 행자의 몸으로 감히 상상조차 하기 어려운, 5조 홍인(弘忍) 대사의 바루와 가사를 전법(傳法)의 상징으로 전해받고 천혜의 요새지 대유령으로 내달렸다. 이 곳은 옛 고향이 가까운 낯이 익은 지형이었다.

한 예로, 16세기 임진왜란 때의 일이다. 신위(申緯) 장군이 최후 방어선 문경 세재에서 물러나와 충주 탄금대 쪽으로 옮긴 게 큰 실책이라는 지적을 받는다. 그만큼 군사 요새지로서 전략상 결정적인 장소가 있었다. 대유령이 바로 그런 곳이다.

단경의 세계

행자로서 때를 기다리며 묵묵히 20년 가까운 세월을 사냥꾼 틈에서 숨어 지냈다. 단경(壇經)에서는, 일자 무식꾼으로 혜능 스님이 묘사되고 있으나 대유령 시절에 공부가 익어지면서 글자도 익혔으리라는 게 글쓴이의 추측이다. 하고많은 세월 동안을 그대로 일자 무식꾼으로 지내기가 될 법한 말인가. 더구나 한 종(宗)의 종사(宗師)로서 이목과 체면이 있지. 자신을 위해서는 이름 석자 정도의 글자만 알아도 충분할 터이지만, 법을 전하는 자리 행화(行化)에서는 다르다. 불조(佛祖)가 가진 공통분모를 찾아 그들이 쓴 언어를 찾을 수 밖에 없는 것이다.

육조단경을 살펴보면 알 수가 있다. 글을 아는 이와 모르는 이의 차이가 분명하다. 그것은 말의 논리에서 뚜렷하다. 글을 아는 이는 나름대로 서 있으나 글를 모르는 이는 그렇지 않다. 예컨대, 좌선에서 좌(坐)는 무슨 뜻이고 선(禪)은 무슨 뜻이다, 하는 식의 전개법은 사전의 용례이다. 글을 모르는 이는 이런 사전식 용례를 알 턱이 없다. 또한 단경 전체를 전개해 나가는 문맥의 흐름이 중요한 단서이다. 어디를 찾아봐도 무식쟁이로서는 불가능하다.

글쓴이는 대유령 고개를 걸어서 넘으며 일박(一泊)하였다. 천여 년전에 이 산길을 걸어갔던 선인의 그림자라도 찾아보고 싶은 심정에서였다. 그러나 나중 알고보니 그건 대유령 고개가 아니었고 소유령 고개였다. 우습게도 하나의 착각 속에서 잠시 환상에 빠져 있었던 것이다.

육조 스님은 나중에 계를 받고 스님이 되었을 때에도 대유령 자락을 벗어나지 않고 조계산을 다시 행화도량으로 삼았다. 무려 37년 동안이었다.

본래 무일물(本來無一物) 선사에게도 귀소본능(歸巢本能)이 있었을까. 입적은 출가 전 옛집을 고쳐 국은사(國恩寺)라고 부르고 거기서 지내다가 최후를 마쳤다.

남화사 육조진신(六祖眞身)

선종의 유서깊은 조계산 남화사. 연꽃이 핀 방생지 가운데 다리를 건너면 대웅보전, 다시 그 뒤로 돌아서면 조전(祖殿)이 우뚝 자리하고 있다. 이 안에 모셔진, 보통 육조 진신이라고 부르는 육조 혜능 스님의 좌상은 남화사 다수 국보 가운데서도 최고의 국보이고, 당대(唐代) 이래 역대 국가로부터 보호 지정을 받고 있는 성물(聖物)중의 성물이다.

근년 문호 개방 이후 외국 참배객 역시 큰 관심을 보인다. 가장 많이 참배온 나라는 미국, 일본, 캐나다, 한국, 인도 그리고 홍콩과 대만 등이다. 이제 육조 스님을 모신 조전(祖殿)은 어느 기도터보다 기도 영험이 아주 많은 기도 법당이 되었다. 이들은 한결같이 육조 혜능 스님의 얼굴과 몸체를 직접 보고 마음 속에 큰 원을 세운다. 한번은 이런 일도 있었다. 세계 축구시합에 출전 하기 전 무렵이었다. 국가대표 선수단이 출전하기 전에 참배와서는, 중국 축구가 아시아 축구, 나아가서는 세계 축구의 우승을 굳게 다짐하기도 하였다.

진신은 거의 지척간에 있다. 그렇다고 해도 감히 손으로 만지고 할 개재는 못 된다. 그런데 어찌 부검이며 내부 조사를 용납하랴. 이리하여, 사람들은 국보 혜능 스님의 진신 탐색과 연구를 완강하게 막아왔다.

이와 같은 상황에서 더욱 신비스런 베일에 싸이는 한편, 그래서 꼭 풀어야 할 하나의 과제로 삼게 되었다. 뜻있는 관련자들은 이 분야의 관련 사료를 모아 진신이냐, 소상이냐의 문제를 매듭 짓기로 하였다. 이것이 육조 스님에 대한 예라고 생각되었기 때문이다.

먼저 만나서 들은 증언이다. 이미 열반하신 방장 유인(惟因) 스님은 남화사에 50년 동안 계신 분인데, 한 노 스님에게서 전해 들은 이야기를 생전에 이렇게 증언하였다.

"문헌으로는 남아 있지 않지만 진신이 맞어. 본래 육조 혜능 스님의 진신 그대로인데 옻을 덧칠해 입혔을 뿐이여."

방장 유인 스님은 제자들에게 다시 상세하게 설명하였다.

"진신에는 세 차례 변동

❍ 왕유 시인이 육조 진신을 처음 봉안하였다고 하는 영조탑.

이 있었지. 첫 번째는 듣기만 한 사실이고, 두 번째 세 번째는 직접 목격한 사실이여. 첫번째는 청대 함풍(咸豊) 년간에 남방에서 도적들이 날뛰었을 때였는데 말이지. 산병(散兵)이 보물을 찾기 위해 진신 복장(腹藏)을 강제로 열었어. 그러나 진신 안의 복장(腹藏) 보물이 없어서 도적들이 화를 발끈 내고 떠나버렸지.

두 번째는 내가 보았는데, 1934년의 일이여. 육조 진신은 좌대가 낡고 오래되어 흰 벌레가 먹어 들어가서 새로 손질을 할 필요를 느낀 때였어. 헌데, 불살생 계율을 지키자니 난감이었지. 살충제는 불가능 했어. 물로 씻기도 어려웠고. 그래서 연기를 피워 쏘일 수 밖에 없었던 거여. 그 때 좌대를 바꾸었어. 진신은 범종, 큰 북 소리 의식 속에서 새로 손질을 하여 모셨어. 기름으로 분장한 것이지만. 이래서 새로 진신상이 선을 보이게 된 것이여.

세 번째는 1966년, 소위 문화혁명 그 기간이었지. '네 가지 봉건세력 타파' 를 내세운 홍위병들이 절집 안에 갑자기 밀려 들어와 진신 배후를 구멍을 내서 뜯어냈어. 그 속에 사람의 유골이 있는 걸 확인하였는데, 한 사람의 짜임새를 갖춘 근육과 뼈였던 거여. 또한 넓이 2센티미터, 길이 20센티미터의 편편한 철심주가 나왔어. 단지, 당시 홍위병이 판단하기를, 진신으로서 피부 가죽이 없고 해서 진신을 부정하였던 거여. 홍위병은, 진신은 사람을 기만하는 하나의 소상에 불과하다고 하여 노상에 오가는 행인 대중 앞에 전시하였어. 아아, 불자들은 하나같이 제 가슴을 예리한 칼로 도려내는 아픔을 느끼고 통곡 하였어. 그러나 힘이 없어 속수 무책이었고……흑흑."

그 후 당의 제11회 3차 전당대회 결과로 어지러움은 평정되었다. 직접 생산성이 약하다는 이유에서 종교인, 교수, 의사 등은 무위도식(無爲徒食)의 무리로 몰려 수삼년 노력봉사의 명을 받아 농촌 등지에서 힘든 일을 하다가 풀려나왔다. 개혁개방의 봄바람이 산사에도 불어왔다. 산사를 떠났던 승니가 다시 산사에 찾아들었다.

전례없이 육조 스님의 진신 앞에 엎드리는 참배객이 밀려왔다. 이 때에 진신과 소상의 문제가 다시 떠올랐다. 확실히 불교전통의 진신 보존비법이 있다. 안휘성 구화산 김지장 스님 등도 그 예이고 부패를 방지하고 원형 그대로를 보존하는 티벳의 림포체를 모시는 비법도 있다.

본래 출가승의 장례법은 화장(火葬)이 상례이다. 향나무 등으로 높이 1미터, 가로 반 미터 정도의 시신 주위를 원통 모양으로 둥글게 싼다. 그런 후에 방장 스님과 노덕 스님네가 점화를 하며 주위 대중은 합장하고 나무아미타불 염불을 한다.

이와는 달리 몇몇 조사 스님네는 온전히 시신을 독안에 밀봉하여 보존하는데 일정 기간이 지나 썩지 않고 남아 있으면 진신상으로 봉안한다. 현재 남화사에는 육조 진신 외에도 명대의 감산 스님과 단전(丹田) 스님의 진신이 봉안되어 있다. 이들은 입적하기 전에, 몸은 진신이 되리라고 말하는 등 미리 후사를 부탁한다. 몸에 가사를 수하고 두 다리는 결가부좌를 하고 앉아 깊은 선정(禪定) 든다. 음식을 끊고 물도 마시지 않고 그대로 서방 세계로 떠난다.

《육조단경(六祖壇經)》의 기록에는, 입적하기 1년 전에 육조 스님이 문인들에게 신흥 옛집 국은사(國恩寺)에 건탑(建塔)을 부촉하는 등 후사를 부탁하였다. 육조 스님이 조계산 보림사에서 신흥 옛집으로 돌아간 때는 다음해 712년 7월 8일이었다. 그로부터 25일이 지난 8월 초 3일이었다. 밤 삼경에 임종게를 말하고 의연히 앉아서 입적하였다.

11월에는 진신 앞에 모인 광주, 소주, 신주의 삼군 관료와 승속 제자들이 다투어 공양을 올렸다. 이때 서로 진신을 모셔가려는 의견이 분분하였다. 이에 분향 기도 후에, "향연기가 닿는 곳이 스님을 모시는 인연터로 알겠습니다." 하고 발원하였다. 이 때 향연기가 바로 조계산으로 통해 흘러서 조계산이 결정되었다.

2년이 지났을 때(714년 7월 27일)의 일이다. 육조 진신은 감실에서 꺼내졌다. 향료와 진흙을 발랐고 진신 위에 옻을 칠하였다. 생전의 모습을 살려내려고 분장술을 썼다. 좌상의 높이는 80센티미터. 얼굴 모습은 전형적인 남방 사람의 특징이다.

당대(唐代)의 시인 왕유(王維)가 쓴 《육조 혜능 선사 비명》에서는 "모년일 천화한 신(神)은 조계산 모소(某所)에 편히 살고 있다." 하는 말로 육조 진신의 역사적인 사실을 분명하게 뒷받침해 주고 있다. 여기서 모소는 남화사 영조탑(靈照塔)을 가리키는 말이다.

참고로, 이 글은 소관불교협회(韶關佛教協會)에서 승인한 《오북불교도관(奧北佛教道觀)》을 토대로 하여 엮었음을 밝혀둔다.

中國 禪宗 踏查 地圖

— 《禪宗大辭典》도록에서 —

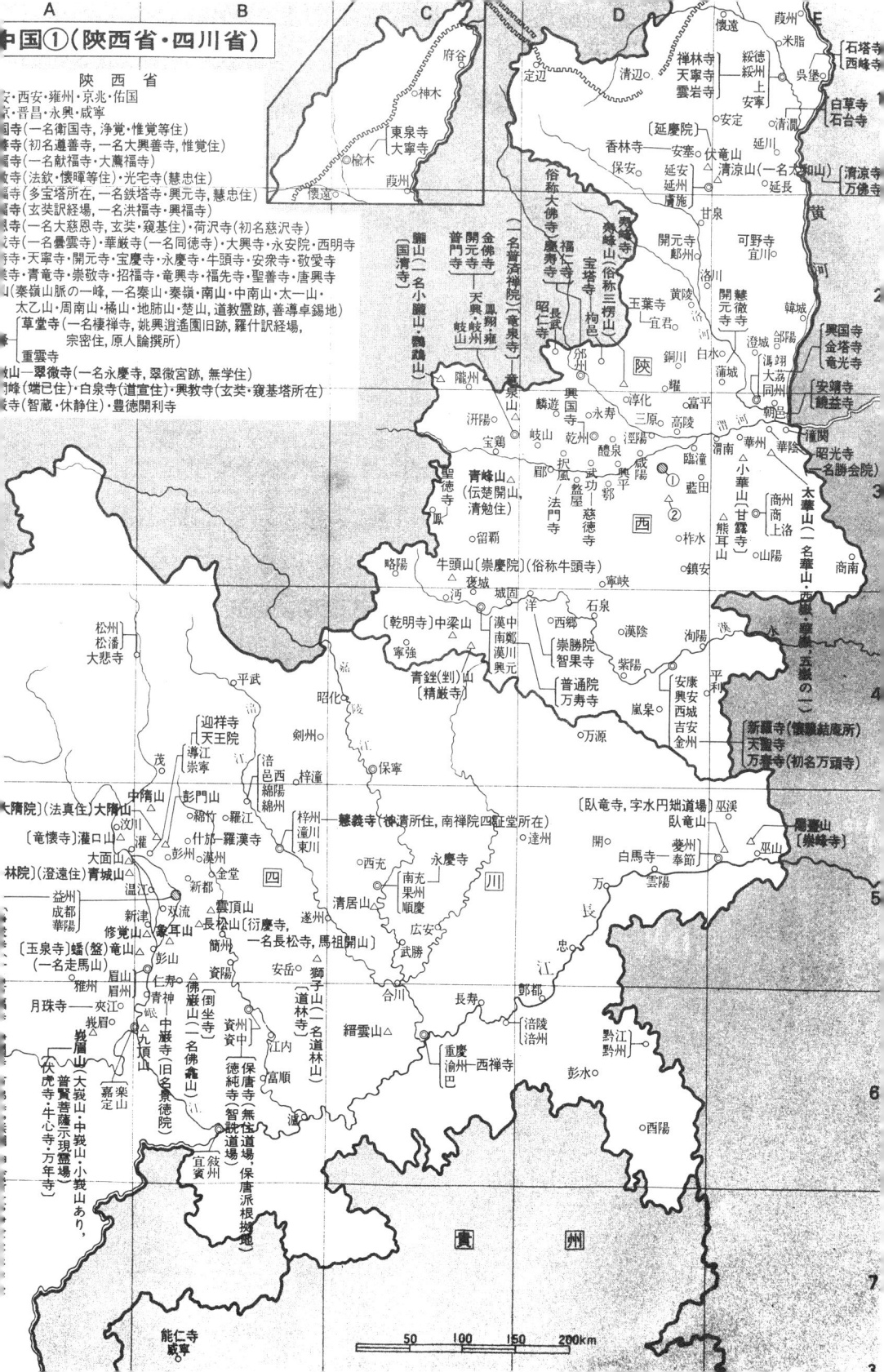

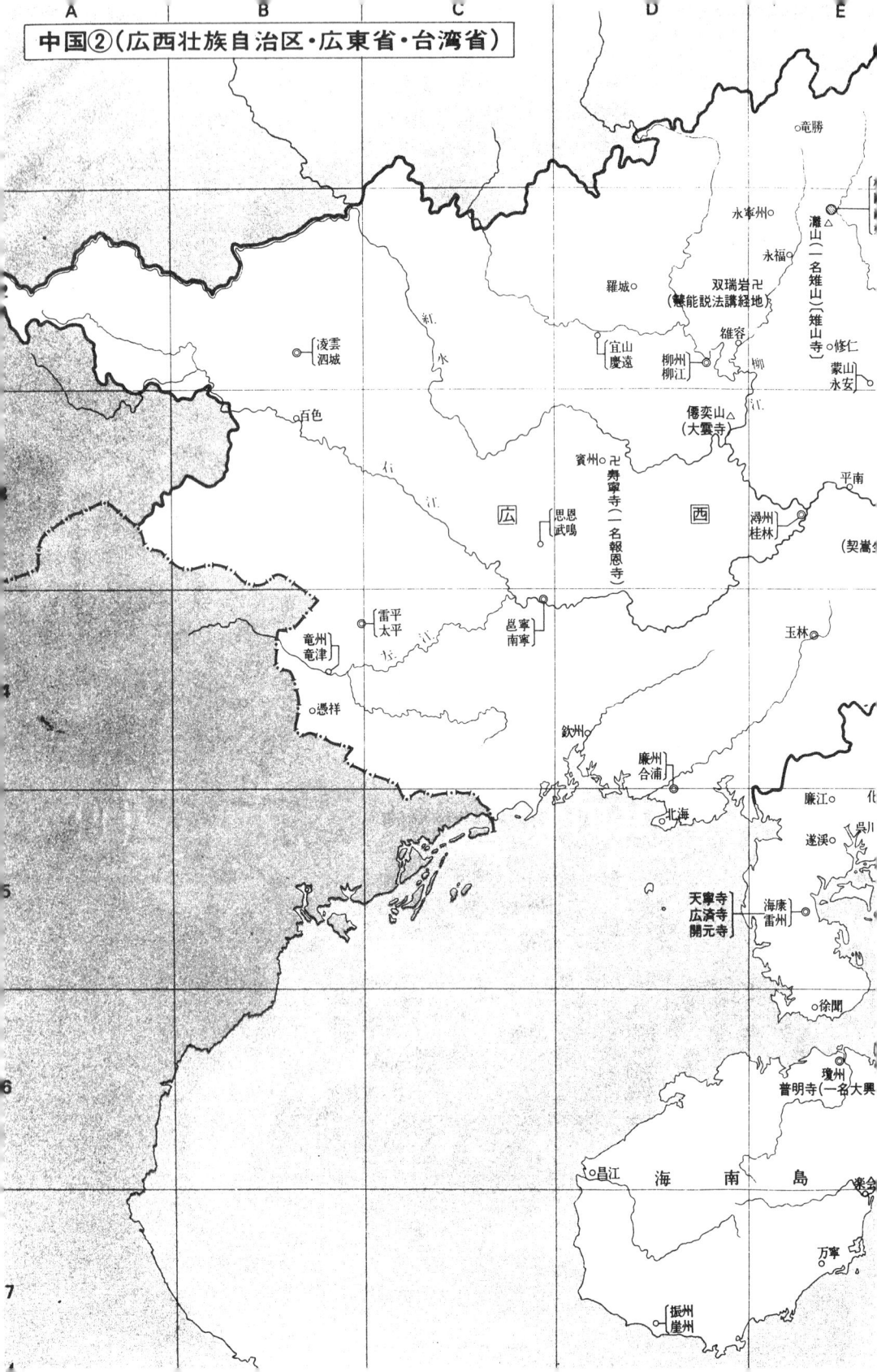

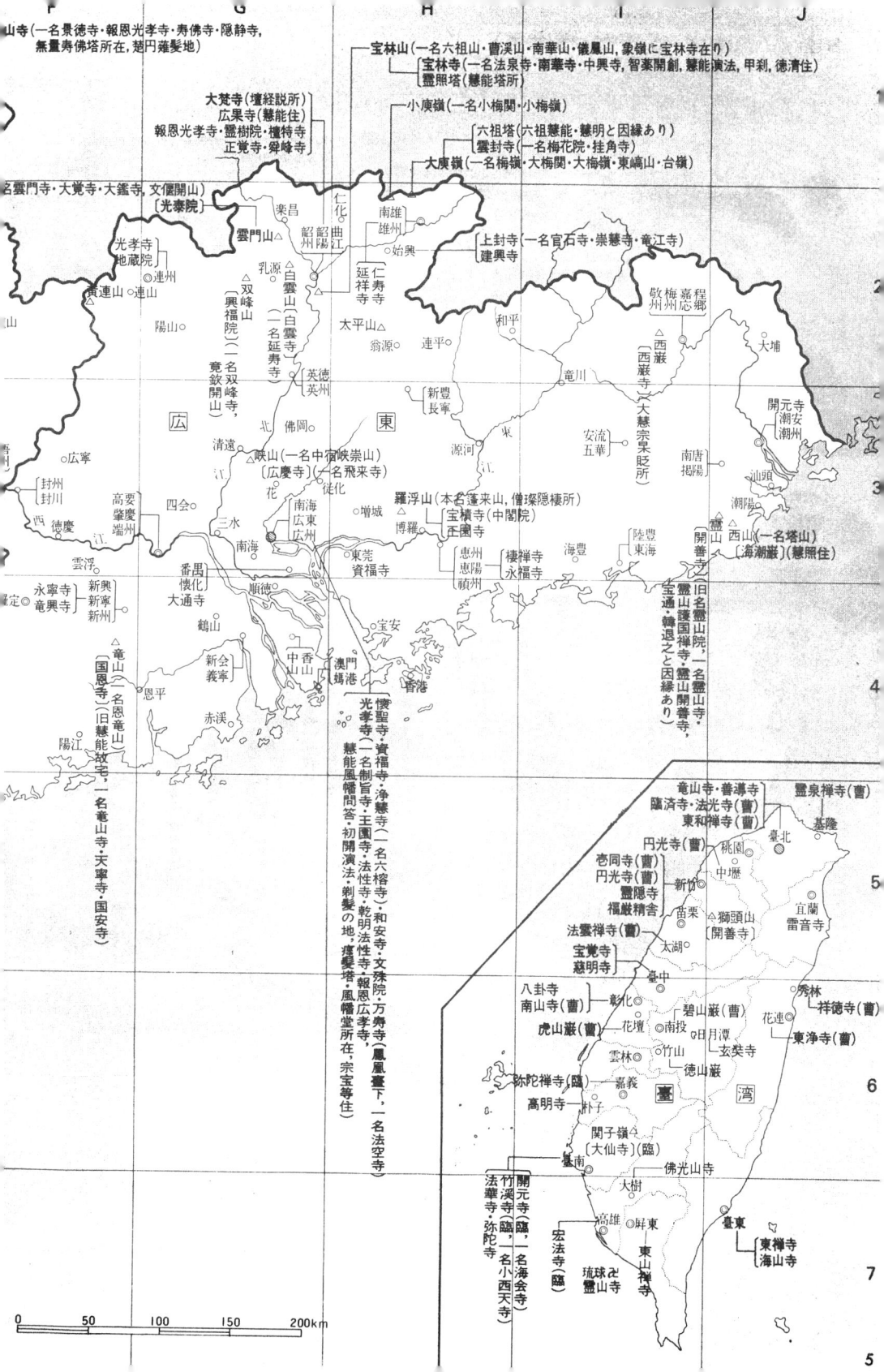

中国③（湖南省・江西省・福建省）

江西省

① 洞山（一名新豊山）
〔普利院（一名洞山寺・新豊洞，良价開山，
　道全・師虔・道延等住，曹洞宗発祥地）
　三峰庵（道膺庵居）

② 末山〔上定林寺〕（別名天竺寺，了然尼住）

③ 楊岐山（一名岐山・楊岐山・玉女峰）
〔普通院（一名広利寺，甄叔・方会住，楊岐派発祥地）

④ 仰（一名大仰山）
〔太平興国寺（旧名棲隠寺，西塔・南塔・東塔あり，
　慧寂開山，潙仰宗発祥地，行偉・祖欽等住）

⑤ 木平山
〔興化禅寺〕（旧名雪峰院，善道住）

⑥ 禾山（別名秋山）
〔禾山寺〕（旧名甘露寺，無殷住）

⑦ 青原山（一名青原隠山・嵩華山・臨峰等より成る）
〔静居寺（一名靖居寺・浄居寺・青原静居寺・安隠寺・安隠静居寺，
　行思開山，七祖塔・青又庵あり）
　資福寺・方広寺・慧済寺・竜集寺・五峰庵

これは中国南東部（江西・福建周辺）の禅宗寺院の分布を示す地図です。以下、格子座標（F・G・H・I・J、1〜7）ごとに判読できる主な寺院・山名の注記を転写します。

F列

F1付近
- 定峰寺〔一名泐潭寺、馬祖寂地・塔所、塔碑所在、鳥文・文準住〕
- 〔別名欧山〕
- 〔一名飛白寺・真如寺・竜昌寺、道膺隠山、昭化・懐岳・了元等住〕
- 〔同安院〕（道丕開山、観志・常察等住）
- 禅那寺・白水院
- 太平興国寺〔旧名観音院〕
- 承天寺〔一名能仁寺〕
- 竜泉寺

F2付近
- 徳化 九江
- 湖口 彭沢
- 南康 星子
- 新開寺（馬祖開山）
- 鄱陽山（一名力士山・石印山）
- 建昌 永修 海会
- 西山 翠巌寺
- 蔵懐（薦福寺）
- 南昌 洪州
- 隆興懐章 新建・竜興
- 祖通山
- 進賢 鍾陵
- 〔一名大愚寺、金峰守玄住〕
- 霊谷 東岩寺
- 天寧寺 慧力院
- 崇仁
- 撫州 臨川
- 〔建興〕宜黄
- 曹山〔旧名荷玉山、馬祖庵、一名梅山〕
- 麻姑山
- 南城 南豊
- 楽安 黄山
- 〔一名宝積院〕崇寿院
- 寧都化 石城
- 瑞金
- 江江
- 連城
- 長汀
- 亀洋山（一名亀山・六眸峰）〔霊感禅院〕（無了・慧出所在）
- 〔真寂院〕（一名運跡真寂寺）
- 漳州 竜渓
- 南靖 平和
- 〔報恩院〕〔普利隆寿院〕
- 開元浄衆万歳寺
- 興教寺 義忠開山

G列

G1付近
- 廬山〔旧名匡山・匡廬山、別名南障山・靖廬山・康山・輔山〕
- 浮梁 景徳鎮
- 永福寺〔旧名乾明寺、甲刹〕
- 天寧寺
- 上玄信州 鏡信州
- 玉山
- 通玄庵
- 疎山（一名書山）〔疎山）（光仁開山、一名白雲道場、甲刹〕
- 浦城 県興
- 寿聖院〔一名瑞岩寺〕
- 天寧万寿寺 宝応院・北景徳院〔永安寺〕
- 〔聖跡巌〕〔佛跡巌〕〔佛跡嶺〕（一名佛跡巖）
- 武夷
- 建州 建寧 建陽
- 嘉禾陽
- 池山
- 牛頭山
- 〔一名大愚院〕〔建国禅院〕
- 九峰山（一名九峰）〔鎮国禅院〕
- 寿
- 建
- 古田
- 極楽寺
- 南平剣州
- 臥竜山
- 屏南
- 普覚寺
- 天竺岩 岡町
- 延平
- （弘珣・慧球住）〔安国院〕
- 螺峰山（一名羅峰山）〔白竜寺〕
- 永安
- 古霊山 （一名大帽山・席帽山、神賛住）
- 怡山（一名雲山・西禅山・鳳山）〔長慶院〕（一名西禅寺・西院・清禅寺、大安・慧稜・弘辯等住）
- 九座山（一名大中寺・福唐寺）
- 徳化
- 永春
- 仙遊
- 鐘山石（石鐘山）
- 安渓
- 延福寺 地蔵院
- 同安
- 青陽山
- 夕陽山
- 南安 恵安
- 羅漢
- 乾明
- 九仙山（一名長楽山、旧名浄土寺、甲刹、白馬廟）
- 興化
- 莆田
- 香林
- 〔兜率資福院〕（一名百丈）
- 崇福院
- 万安永福寺
- 鳳山（万安水陸院、旧名敬善院、永福寺の二寺よりなる）
- 万福院（一名賁楽寺・建福禅寺・永福寺の二寺よりなる、万幹開山、希運落髪、隠元住）
- 松隠堂〔隠元住〕
- 〔三平山〕〔三平〕〔雲遊雲院〕
- 保厳山〔保厳院、六祖開創〕
- 梅巌〔招慶寺〕
- 清源寺
- 開元寺（一名紫雲寺・蓮華寺・興教寺・竜興寺）
- 上方広福院〔一名紫福広教院〕
- 永隆資福寺（法石寺 福清院 方安院）
- 清源寺
- 〔三六巌あり〕〔一名泉山・斉雲山〕
- 〔慈雲山〕（一名福先招慶寺・承天寺、南禅寺 慧陵・道匡・省僼所住）

H列

H1付近
- 盧山〔旧名匡山・匡廬山、別名南障山・靖廬山・康山・輔山〕
- 香炉峰 遺愛寺
- 大林峰 西林寺・大林寺
- 擲筆峰（大林峰の一阜）東林寺（慧遠開山、白蓮社、常総・霊徹・明本等住）
- 天池山（大林峰の一阜）天池寺
- 五老峰 楼賢峰（智常・暁舜住）
- 鶴鳴峰 開先寺（一名秀峰・華蔵寺・開先華蔵寺、善暹・紹宗等住）
- 金輪峰 帰宗寺（一名睦堅寺、智常・慧超・達観・了元等住）
- 凌霄峰 凌霄姫院（一名明真院、馬祖住）
- 円通山 円通寺（一名円通崇勝寺、道済・居訥住）
- 双剣峰 黄岩寺
- 慶雲峰 慶雲院（一名万杉寺）
- Y髻山 金鶏峰・般若峰・太乙峰・蓮華峰
- 佛手巌（行因住）・竹林峰・峰頂峰

H2付近
- 開元寺（一名祐清寺・上藍・能仁上藍禅院・承天寺・大佛寺、馬祖住）
- 大安寺（一名普済寺・宣明寺東寺、希運住）
- 普賢寺（一名隆興寺・禅居寺・竜興寺、希運住）
- 法昌寺（倚遇住）・大寧院・観音院
- 懐玉山（一名輝山・玉斗山）
- 博山〔能仁寺〕（一名博山寺、元来住）

H3付近
- 方広教寺・天寧光孝寺（旧名広済寺・天寧万寿寺）
- 普通・西林寺・報国寺（一名白林寺）
- 白雲崇梵寺（一名白雲広福寺）
- 白雲崇果院・顕親寺
- 雪峰山（旧名象骨山・象骨巌・象峰、鳳凰岡・烏石嶺、六華峰・梼雪峰・文殊峰・羅漢峰・支提峰等あり）
- 崇聖寺（別名応天雪峰禅院、一名雪峰寺、義存開山、十刹第七位）
- 枯木庵
- 雪庵麻院
- 定庵院
- 美蓉山〔芙蓉院〕（一名延慶禅院・興国禅院）
- 保明院（一名資生院）
- 建善寺（一名建善寺・大中建善寺）

H4付近
- 松渓
- 寿聖
- 蓮華山（一名永福山）〔永福院〕
- 福安
- 長渓寧徳
- 支提山
- 霊雲山
- 福清
- 連江
- 長楽
- 鐘山（大中寺）〔一名遇懽寺〕
- 仙福
- 懐安
- 侯官
- 閩県
- 洋嶼庵（宗界住）
- 白鹿山〔白鹿寺〕
- 覆船山
- 黄柏山（一名南山・午山）
- 松隠堂（一名賁楽寺・建福禅寺、永福寺の二寺よりなる、万幹開山、希運落髪、隠元住）

I列

I3付近
- 鷲湖山〔旧名荷湖山〕〔鷲湖山〕（一名仁寿院・慈済院、大義開山）

I4付近
- 王天寺
- 聖寿寺
- 水陸寺
- 昇山〔旧名飛山・飛来山、一名玄沙山〕
- 玄沙院（一名賢沙寺・功徳院、教中崇報寺、師備塔所、後廃）
- 白竜寺（道希・清悁住）
- 東山〔華厳寺〕（一名地蔵塔院、休静在）

I5付近
- 泉山
- 福州 閩侯 閩候

I6付近
- 玉枕峰 観音院〔一名枕峰寺〕
- 羅（仙）山〔九仙山の支山、道閑住〕
- 林陽瑞峰山
- 東禅院（旧地白馬山、一名長楽山、旧名白馬寺、甲刹、白馬廟）
- 東禅浄土寺・崇福寺万寿院・報国寺・報恩仁寿禅院・報慈崇因経院・華林寺（旧名吉祥寺）
- 烏石峰（一名烏石嶺・閩山）
- 神光寺（城東西南再、崇聖峰・報恩広孝寺・光教寺・宝峰寺・永隆院）
- 九仙（城東隅）
- 万歳峰・鉢五峰・香炉・東峰・乗雲峰等あり
- 九仙山〔甲刹、白馬廟〕

J列

J5〜J6付近
- 鼓山〔大頂峰・白雲峰・鳳池山・獅子峰・鉢五峰・香炉・東峰・乗雲峰等あり〕
- 湧泉寺（一名鼓山寺・白雲峰にあり、神晏再興）
- 白雲廡院・三昧塔院・会度塔院・深翠塔院・積翠塔院・雲臥庵・調象庵・円通庵・般若庵等あり
- 石鼓山 金光明

A

杭州府治内
報国寺(一峰斉開山, 甲刹)・傾心寺(一名広教院)・千光法王寺(一名宝雲庵)
保安院(一名広孝寺・光孝院)・歳豊院(一名豊楽院)
1 竜井寺(霊石山の西南, 風篁嶺に所在, 一名報国看経院・寿聖院・広福院)
延ömm衍慶院
竜泉院(一名竜泉古城院・竜泉廟老・霊源院)・雲竜院(一名水心寺・法雨寺)
化度院・石城寺・仙林寺・仁王院・普門院・奉先寺・報慈院・明慶院・羅漢院
靈芝院・開元寺(清平山)

①呉山(旧名胥山)
　宝山(一名七宝山)〔瑞竜院〕・百法寺
②竜山(一名臥竜山・竜華山)
　竜帰寺(一名清化寺, 了元住)
　竜華寺(一名竜華宝乘院, 彥球・霊照等住, 傅大士塔所在)
　竜冊寺(一名天華寺・千春竜冊寺, 道欽住)
　天竜寺(一名感業寺, 天竜・重機住)・天真寺
2 ③孤山
　孤山寺〕(一名永福寺・広化寺・万寿寺, 道林住)
④雲居山
　雲居庵(了元開山)・聖水寺(明本開山)・雲居聖水寺(雲居庵・聖水寺合併)
⑤翠望山
⑥秦亭山(一名葛嶺)
　鳳林寺(俗称喜鵲寺, 道林・白楽天問答所)・招賢寺(一名禅宗院)
⑦南屏山(一名南山)
　浄慈寺(一名寿寧寺・永明寺・報恩光孝寺・浄慈報恩光孝寺・慧日永明院・
　南山浄慈寺, 道潛開山, 延寿・宗本・善本・如浄等住, 五山第四)
　興教院・水心保寧寺・長耳相院(一名法相院)

C

⑧赤山
　慧因寺(一名慧因教院)・高麗寺・慧因禅院, 高麗義天華厳宗浄源参学所
　開化寺(一名六和寺, 六和塔所在)
⑨鳳山
　聖果寺(一名勝果寺・崇聖寺, 文喜開山)・宝塔寺(一名梵天寺)・大報国寺
⑩靈隠山
　靈苑院(一名靈苑山・仙居山・武林山・虎林山・北高峰・来来峰・楷留峰等
　　七洞・十一巌より成る)
　靈隠寺(一名北山景徳靈隠寺・雲林寺・景徳靈隠寺, 慧理開山, 延寿中
　　正覚・慧鎬・崇嶽等住, 大川普済五灯会元撰所, 五山第二)
　上天竺寺(北高峰所在, 一名法喜寺・靈感観音寺・天竺教寺)
　中天竺寺(楷留峰所在, 一名天寧万寿永祚寺・崇院寺・法浄寺, 千代宝
　　十刹第一)
　下天竺寺(飛来峰所在, 一名天竺慈恩薦福寺・法鏡禅寺・南天竺寺・天竺
　広厳院(一名韜光寺)・興福保清院
　永安精舎(一名永安蘭若, 契嵩伝法正宗記・輔教編等撰所)
⑪大慈山
　虎跑寺(一名大慈寺・定慧寺・大慈定慧寺・広福院, 寒中開山)
　理安寺(一名法雨寺・南澗寺・湧泉禅院)
⑫五雲山
　雲栖(棲)(旧名塢真院・株宏結廬, 明代禅教一致道場)・華厳寺
⑬泉亭山
　〔崇先顕孝寺〕(一名崇興寺, 真敬慧了開山)
⑭佛日山
　〔佛日禅院〕(一名佛日寺・佛日浄慈寺, 本空・契嵩等住)
⑮黄鶴山
⑯宝石山(一名目石山, 巾子峰所在)

中国④（湖北

中国⑤（浙江省）

⑰ 五洩山（一名五泄山、俗称小雁蕩）〔永安寺〕一名五洩寺・三学禅院・応乾禅院、霊黙開山）
⑱ 杭烏山〔大梅寺〕（一名宝乗院）　⑲ 法華山〔天衣寺〕（一名法華寺、義懷住）
⑲ 亀山（一名飛来山・宝林山・怪山）〔妙喜寺〕　㉑ 象田山〔建福寺〕（一名象田寺・興巖寺）
雲門山（一名東山）
　雲門寺（一名大中径迷寺・淳化寺・広孝寺）
　顕聖寺（一名宝厳寺・雍熙寺・普済寺・名覚寺）
⑲ 雪寶山（四明山の別阜、一名応夢山・乳峰）
　景徳国清寺（一名雪寶寺、瀑805寺、常通開山、重顕、智鑑、師範等住、十刹第五）
余姚—上林山（一名西山寺・普済寺・建初寺）
⑳ 明州—補陀禅山（栖心寺旧址）・天寧寺
　　境清寺・延慶寺

㉖ 天台山（一名天梯山、桐柏山、大小台山、台嶽、赤城山、九折峰、五峰、祥雲峰・佛隴峰・元通峰・華頂峰・香炉峰・瀑布山等の諸峰あ
赤城山—崇善寺（一名曇猷寺・中巖寺・臥佛寺・釈籤岩・結集巌・飛華頂峰—善寺佛頂円覚寂巖中、一名華頂寺・華頂寺・智者降魔塔）
五峰—国清寺（智顗開基、灌頂、湛然等所住の天台宗根本道場、一景徳国清寺・天台寺・竜興寺、豊干旧址所在、十刹第一祥峰
佛隴峰（一名大霊峰・焼山・消山）
大慈寺（智顗開創、天台宗発祥地、一名修禅寺・禅林寺・佛隴道場
東覚院（旧名智者禅院・佛隴寺・金地道場・真身塔院）
（一名元観・昭慶寺・明鶴院、惟則伝地）・拾得巖
列秀峰
萬年報恩光孝寺（一名真福田寺・寿昌寺・天寧万寿寺・平田寺、
塞石山—福善寺・寒巖寺
元通峰—慧覚寺・慧証教院・天封寺（真敏清了住、一名霊嶠道場、石梁—上方広寺（一名広寺、石橋所在）・中方広寺・下方広寺

道山山〔旧名雲峰・護聖万寿寺〕（一名真正禅院、道場山、如訥開山、十刹第二）
何山（旧名金蓋山）
移忠寺（守坦中興、甲刹）
禅幽寺（一名崇報寺・宣化禅院・功徳院）
金蓋山〔禅幽寺〕（何山禅幽寺を移転）
菁山〔清凉寺〕（大梅法常開山）
杼山〔妙喜寺〕（皎然住）
万寿寺（一名径山寺・興聖万寿寺・能仁寺・能仁興聖万寿寺、常通開山、法欽開山、鑑宗、洪諲、克勤、大慧宗杲等住、道元掛錫、五山第一）
寂照庵（道宣続高僧伝撰所）
妙喜庵（別名明月堂、宗杲住）
羅漢院（一名化城寺）・竹林寺（一名海会寺）
朗瞻院（東山）・福勝院

千頂山〔慈雲寺〕楚南住
（三七峰・二巌・八池・四窟・七硯により成る
蓮華峰〔大覚院〕（原妙住）
師子巖　正宗寺〔一名大覚寺・五台
景疎庵　禅源寺〔原妙住〕
活埋庵　正宗寺〔一名大師子正宗寺、原妙、明本等住〕
死関室　霊雲塔〔原妙・明本開山〕
法雲塔〔旧名張公洞、原妙塔〕・霊雲塔
靈深塔〔明本憩所〕・重雲塔〔義人寂所〕

海昌院（一名鎮国海昌院・霊池院・斉豊寺・安国寺、俗称北寺、斉光明禅院）
天寧寺（一名道施州寺、一名寿聖院、天聖万寿院・広孝寺、天寧万寿寺、俗称嘉禾天寧、甲刹）
本覚寺（寿山、旧名報本禅院、甲刹）
精厳寺（一名霊光寺・霊亀寺・羅漢寺（一名招提）
水西寺（旧名資聖院）・興聖寺・景徳寺・楞
秀水
嘉興
秀州
嘉禾

資聖寺・法喜寺
慈雲寺　大勝院
金粟山（一名六里山）
金粟寺（一名広慈寺、康僧会開創、円悟・通乘・道忞等住）
（化度院・覚苑寺・開善資宝寺（一名慈雲寺）
鏡清寺（天竜・道忞住）・両迹寺（一名大眉道迹寺）
石佛寺相寺（旧名南崇寺）・地蔵院（一名小能仁寺）
竜興寺・光相寺・原元寺・天寧寺・戒珠寺・観音院
竜泉山（一名霊緒山）
延寿寺（万松山）
慧済寺　招寶山（一名七岩林、紫竹林、磐陀庵）
招寶寺（阿育王寺（一名育王寺、阿育王寺（一名阿育王寺）・大梅修利咨峰霊場・阿育王舎利塔湧出地
大慈寺　別名広利寺（宝陀）
景徳寺・育王寺・広利寺
瑞巖寺　聖旨覚如浄寺・天童寺（一名天童景徳寺・景徳禅寺、咸啓開山、如浄・懷璉・清了・宗呆・徳光・師範等住、五山第三）
（一名天童保安寺、等観寺・普明律院・道掛錫、五山第三）
大羅寺　保安寺（真覚院）
芙蓉山・巾子峰（一名紫笋山・竹笋山）
（仙霊山）
翠巖山・白岩寺（旧名白馬寺）
開元寺
雁山—瑞巖山〔瑞巖院〕（一名浄土院・瑞巖浄土寺、師彥開山、如浄・無愠住）
報恩光孝寺（一名天寧万寿広孝寺）
崇寧寺・景徳寺・開元寺
真如院（一名回向院、無準祖元兵難遭遇所）
兜率寺（一名勝光安国寺）
雁蕩山（一名北雁蕩山・雁山）
能仁寺（一名能仁普済寺、雁山能仁普済寺、竹庵士珪開山、霊巖寺
江心山（一名孤嶼山）
〔竜翔寺〕（一名江心寺・竜翔興慶院、真敏清了開山、十刹第六）
松源山（一名西巖山）・浄光山（宿覚名山）
〔浄光寺〕（玄覚所住、証道歌撰所、真身塔所在）

中国⑥（山東省・安徽省・江蘇省）

A

① 鍾山（一名紫金山・聖遊山・神烈山・北山・金陵山）
　〔開善寺〕（一名霊谷寺・蔣山寺・太平興国寺・十方禅院，宝誌開山，十刹第四）
　　定林上寺・定林下寺・始興寺・祇園寺・枳園寺・草堂寺（一名宝乗寺）
② 覆舟山（一名真武山・元武山）（竜光院）（一名育園寺・竜光禅寺）
③ 鶏籠山（一名鶏鳴山）〔鶏鳴寺〕（梁武帝無遮大会設所，牛頭法融葬地）
④ 摂山（一名摂嶺山・蔣山）
　〔棲（栖）霞寺〕（一名止観寺・功徳寺・隠君棲霞寺・妙因寺・普雲寺・厳因崇報禅寺・
　　　　　　　　景徳棲霞寺・虎穴寺，法度・僧朗・慧布等三論学者住）
　　天闕巌・佛国寺
　鳳山（天界寺）（一名集慶寺・竜翔寺・大竜翔集慶寺，笑隠大訢開山，覚源慧曇・
　　　　　　　　　　　　　　　　　覚浪道盛住，甲刹，後五山の上）
⑤ 雨花臺（高座寺）（一名甘露寺・永寧寺）
⑥ 牛頭山（一名牛首山・天闕山・邁闍山）
　〔弘覚寺〕（一名佛窟寺・福昌院・資善院・普覚寺・崇教寺，法融開基，牛頭宗発祥地）
⑦ 皇甫山（静林寺）
⑧ 東山（一名土山・翼善寺）
⑨ 幽棲山（一名祖堂山）〔幽棲寺〕（一名祖堂寺・延寿院，牛頭法融住）
⑩ 天竺山
　能仁寺（一名報先院・興慈寺・承天寺）・福興寺
⑪ 石頭山（一名清涼山）
　〔清涼寺〕（一名清涼報恩寺・興教寺・広慧寺，文益・休復・泰欽等住，甲刹）
⑫ 聚宝山（報恩寺）（阿育王八万四千塔の一，一名大報恩寺・長干寺・天禧寺・建初寺，
　　　　　　　　　　阿育王寺・慈恩荘忠寺）
④ 鳳臺山（一名鳳凰山）（保寧寺）（一名祇園寺・長慶寺・奉先寺，奉先法融開山，
　　　　　　　　　　　　　　　　　　慧同・仁勇・清茂等住）
　府城内
　荘厳寺（一名鎮西寺・興厳寺・曇崇・僧旻・牛頭慧忠等住）
　延祚寺（牛頭法持・智威等住）・光宅寺（一名慧光寺，法雲・法悦・曇瑗等住）
　碧峰寺（一名翠厳寺・妙果寺・鉄索寺）・広慶院（旧名護烈院）・祝禧寺・永慶寺
　永寧寺・永興寺・中興寺・観音閣・嘉善寺・吉祥寺・金陵寺・建昌寺・花厳寺・正観寺
　弘済寺・善慶寺・承恩寺・接待寺・銅井寺・道場寺・普恵寺・普徳寺
　法海院・報慈道場・同泰寺・白馬寺・道林寺
　崇因寺（一名礦野寺・禅居院・崇果院，法融住）
　報恩院（清護・匡逸等住）・上瓦官寺（一名鳳遊寺）・下瓦官寺（一名集慶庵）

寺（一名洪済寺・
崇福禅院，清了・
宗穎等住，甲刹）

B

甘泉・江陽・広陵・揚州・江都〔石塔寺〕（一名木蘭院）・梵覚寺・香阜寺・禅智寺
金山（一名浮玉山・氏父山・伏牛山・竜游山・獲符山）
　〔金山寺〕（一名沢心寺・竜游寺・江天寺，梁武帝水陸会設所，裴頭陀開山，佛印了元等住，甲刹）

北固山〔甘露寺〕（一名超岸寺）
焦山（一名獅山・譙山・浮玉山）
　〔定慧寺〕（一名普済寺・焦山寺，圜悟克勤・枯木法成・佛印了元等住，甲刹）

六合　北山〔北山寺〕
　　　　　　　　　　　　招隠山
　　　　　　　　⑭儀真・儀徴　〔招隠寺〕
鶏鳴山　覆舟山②　　　　　　揚中
鍾山①
摂山④
鳳①
牛頭山⑦
幽棲山⑩
雨花臺⑥

南京・金陵・
帰化・泉州・
建康・建業・
上元・丹陽・
揚州・江寧・
茅山三論根・
法師・興師

高淳

鎮江・丹徒・延陵
丹陽・潤州
嘉山
五州山　　夾山（竹林寺）
句容　　　　牛頭宗冥壇・普会等住
半山　宝華山（浄居寺）
　　　（茅山・一名句曲山・茅君
　　　豊楽寺）三茅山（大明法師・
　　　　　　　　　　　泉禅師・
　　　　　　　　　　　茅山三論）

丹陽
　崇教寺（旧名経山寺）
　昌国寺・皇業寺
金陵
慈雲寺

山前寺

陽山〔澄昭寺〕

鶴鷺山
　頸鷺
　⑲虎邱山
⑰天平山　⑱
⑳霊巌山
㉑支硎山

勝因寺　白竜山
　　　　（看経寺）
　　　　荊渓・宜興

郎渓
建平・開法寺

〔景徳寺〕
㉔一名永安山・開元寺・
大霊山・裴休黄希運
問法，宛陵録撰所

宣城　寧国
寧国　宛陵
宣州
丹陽

安国寺（玄挺住）
興福院

0　15　30　45　60km

C

蘇
州
府

如皋・広福寺

靖江

定山（一名女山）〔真如院〕

天寧寺（一名広福寺）・正覚寺（一名開元寺）
竜池寺（幻有正伝住）・磐山寺・正勤院

常州
武進　芙蓉山
毘陵　（大鏡住）
晋陵　　　　常熟

　　　　無錫
　　　　　長
呉州州　州
唐江
呉　　　蘇

姑蘇山

　　洞庭（西）
水月寺・天王寺〔翠峰山〕
　　　　（一名包山寺・
　　　　　天王寺・上方寺
　　　　　印印民中興，甲刹）

霊源寺・能仁寺（一名長圻寺）
興福寺・高峰寺（俗名臥佛寺）
法海寺・弥勒寺
翠峰寺（一名天衣禅院・雨花庵・紫金庵）

D

⑮ 虎邱（丘）山（一名武邱山・海涌山）
　〔霊巌寺〕（一名虎邱寺・虎阜寺・武邱寺・報恩寺・東山寺，
　　道生涅槃経講説地，契嵩開山，紹隆・松源崇岳・東山道
　　普滋等住，十刹
⑯ 横山（一名跑湖山）
　〔明因禅院〕（一名蘆山感慈院）・姑蘇寺・湧泉寺
⑰ 天平山
　白雲寺（一名天平寺・功德院）・無為庵
⑱ 寒山（俗称楓橋山，旧名妙利普明塔院・楓橋普明禅寺・
　　寒山故地，張継楓橋夜泊詩故跡，甲
⑲ 鄔尉山（一名袁墓山・墓山・万福山・光福山・玄墓山）
　天寿（聖恩）寺・光福寺
⑳ 霊巌山（一名石鼓山・硯山・研石山・石城山）
　〔霊巌寺〕（一名秀峰寺・崇報禅寺）
㉑ 支硎山（一名報恩山・観音山）
　支硎寺（一名報恩寺・観音寺，支遁開基）・中峰寺・北峰寺
　南峰寺（旧名天隆院，支遁別庵）
㉒ 堯峰山
　堯峰院・興福院・寿聖寺
㉓ 穹窿山
　穹窿寺（一名福臻禅院・藜林寺・顕忠寺）・白馬寺・寧邦寺
㉔ 上方山（一名楞伽山）
　上方寺・宝積寺（一名楞伽寺）

府城内
　万寿寺（法恪開基，一名浄寿院・安国寺・長寿寺・崇光万寿寺・
　　天寧万寿寺・報恩孝寺，明憲・法斉等住，禅月貫休寓跡，
　　　　　　　　　　　　　　　　　禅月閣所在，十刹第四位）
　北禅寺（旧名通玄寺，一名開元寺・報恩寺・北寺，長慶慧陵住）
　能仁寺（一名承天能仁寺・双桃寺，甲刹）・宝華寺（宝華山）
　南禅寺（一名南禅院・南禅集寧寺）・瑞光寺（旧名普済寺）
　双塔寺（一名般若寺・万歳寺）・泗州寺・獅子林・定慧寺・西竺寺

E

道
善法等寺，十刹第

清涼寺（竜母峰所在，一名三峰禅院・
三峰清涼寺・金仙寺）
興福寺（一名大慈寺）

海門

啓東

鰲日寺（一名寿聖寺）・晏安寺・慧日禅院
明因寺（一名永昌寺）

崇明

馬鞍山〔華蔵寺〕　〔白般若寺〕
太倉　　　宝山
嘉定
岜山
新陽〔衍慶〕薦福院

上海
華厳院
青浦
南匯

華亭
松江
松隠寺
奉賢
金山

南東北
禅真照
寺寺寺　旧一旧
西〔名
名大
一圓
清明
名津正
宝禅寺澄
勝寺〕寺
寺〕

徽

中国⑦（河北省・山西省・河南省）

지묵 스님의 중국선종답사기

달마와 혜능

초판 1쇄 발행 · 2000년 12월 15일 | 초판 2쇄 발행 · 2008년 11월 4일 | 지은이 · 지묵
펴낸이 · 김동금 | 펴낸곳 · 우리출판사 | 주 소 · 서울특별시 서대문구 충정로3가 1-38호
전화 · (02) 313-5047 5056 | 팩스 · (02) 393-9696 | E-mail · woribook@chol.com
ⓒ 지묵 2000, Printed in Korea | 등록 · 제9-139호 | ISBN 978-89-7561-142-1 03810
가격 10,000원

＊ 잘못 제작된 책은 교환해 드립니다.